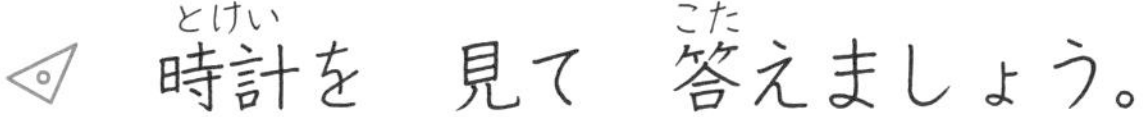

1 時間と　時こく①

月　　日
できた数　　もん／5もん

時計(とけい)を　見て　答(こた)えましょう。

① 時(じ)こくは　何時(なんじ)ですか。

（　　　　　　）

② 2時間後(じかんご)は　何時ですか。

③ 長(なが)い　はりは、何分(なんぷん)で　1ま

（　　　　　　）

④ 長い　はりが、1目もり　すすむと　時間は　何分間ですか。

（　　　　　　）

⑤ みじかい　はりは、1時間で　何目もり　すすみますか。

（　　　　　　）

時計を読むときは、みじかいはり（たんしん）から読むよ。たんしんが何時のはんいをさしているか、正しく読みとろう。

時間と　時こく②

つぎの　時計(とけい)に　ついて　答(こた)えましょう。

㋐

㋑

（午前　　　　　　）　　（午後　　　　　　）

① ㋐は　午前(ごぜん)で、㋑は　午後(ごご)です。　時(じ)こくを　上の（　　）に　書(か)きましょう。

② ㋐、㋑の　時計の　20分後(ぷんご)の　時こくを　下の（　　）に　書きましょう。

㋐（　　　　　　）　㋑（　　　　　　）

③ ㋐、㋑の　時計の　10分前(ぷんまえ)の　時こくを　下の（　　）に　書きましょう。

㋐（　　　　　　）　㋑（　　　　　　）

毎日のくらしの中では、時間も時こくも、同じように「じかん」でいうね。

3 たし算（ひっ算）①

月　日
できた数
もん／2もん

1 1組の　はたけには、トマトが　57こ　なりました。2組の　はたけには　63こ　なりました。トマトは　ぜんぶで　何こに　なりましたか。

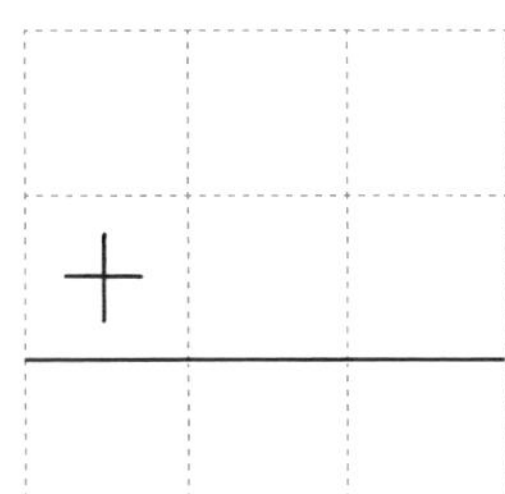

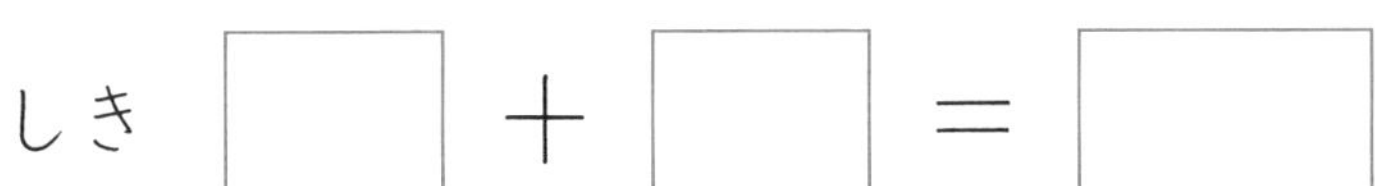

しき □ ＋ □ ＝ □

答え　　　　こ

2 きのう、しいたけを　64本　とりました。きょうは　38本　とりました。ぜんぶで　何本の　しいたけを　とりましたか。

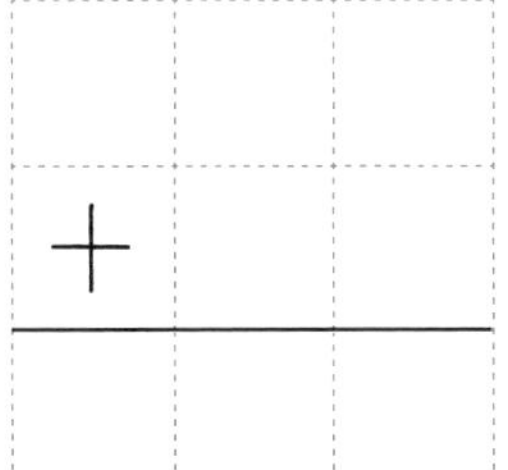

しき □ ＋ □ ＝ □

答え　　　　本

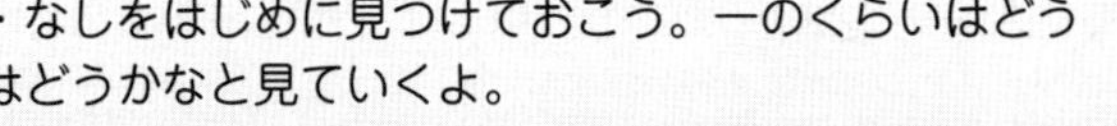

くり上がりのあり・なしをはじめに見つけておこう。一のくらいはどうかな、十のくらいはどうかなと見ていくよ。

たし算（ひっ算）②

つぎの 計算（けいさん）を ひっ算で しましょう。

① 14＋77

② 68＋34

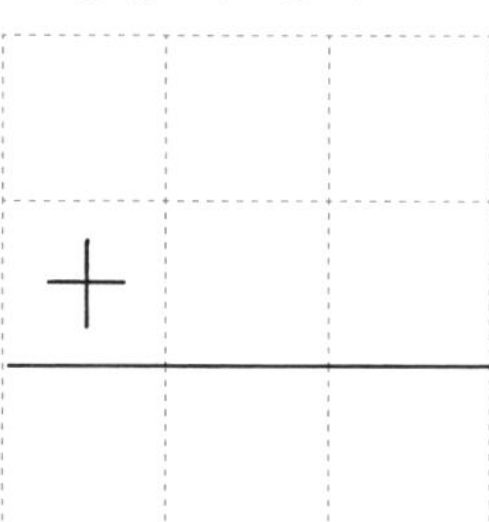

③ 85＋89

④ 67＋87

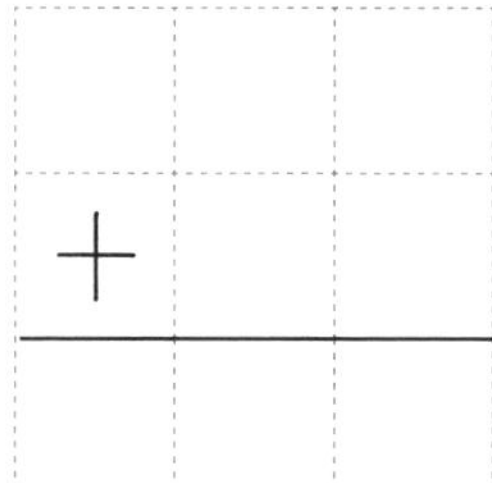

⑤ 6＋97

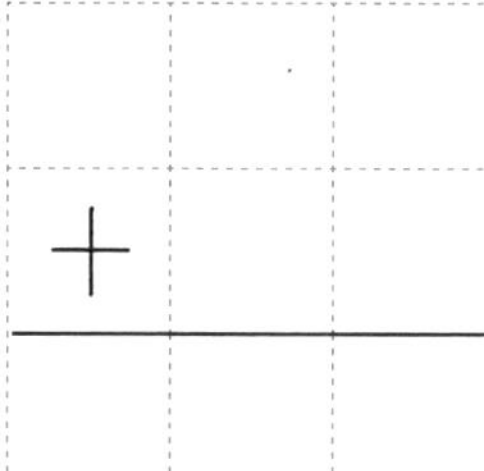

⑥ 28＋34

⑦ 86＋19

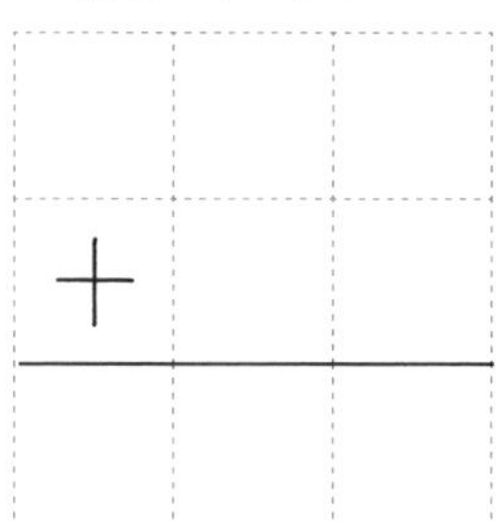

⑧ 27＋57

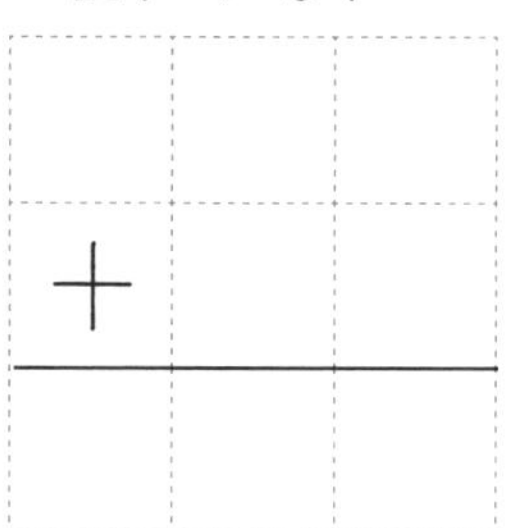

くり上がりのところがわかれば、うっかりミスはふせげるよ。

ひき算（ひっ算）①

1　えんぴつが　144本　あります。85人の　子どもに　1本ずつ　くばります。えんぴつは　何本（なんぼん）　のこりますか。

－			

しき　□　－　□　＝　□

答（こた）え　　　　本

2　メロンが　店（みせ）に　100こ　あります。午前中（ごぜんちゅう）に　42こ　売（う）れました。
　のこりは　何こですか。

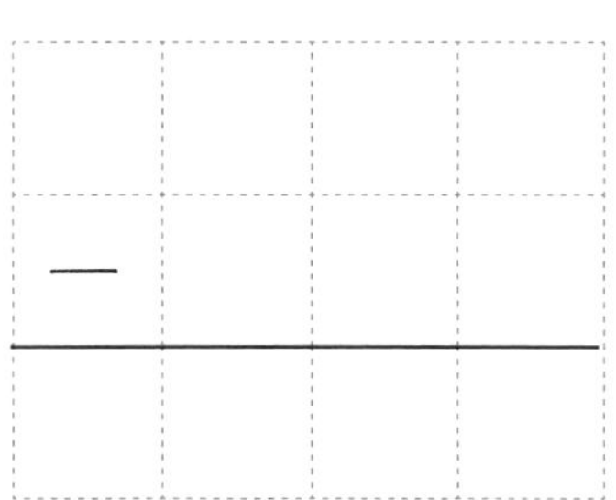

しき　□　－　□　＝　□

答え　　　　こ

12こずつを１ダースというよ。12ダースは　12×12　で144になるね。
これは１グロスとよばれるんだよ。

ひき算（ひっ算）②

つぎの　計算（けいさん）を　ひっ算で　しましょう。

① 123－37

② 100－53

③ 105－7

④ 162－97

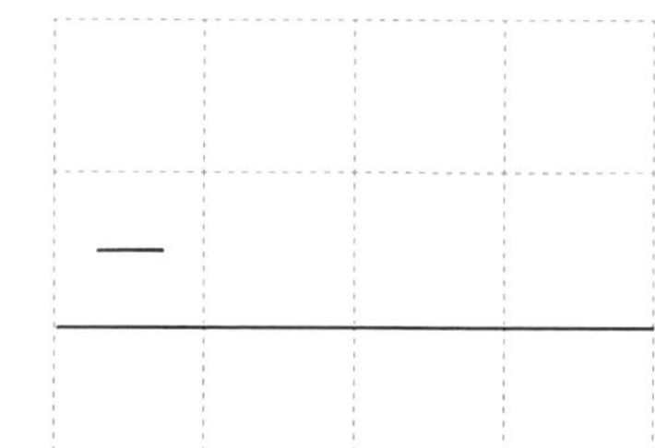

⑤ 151－76

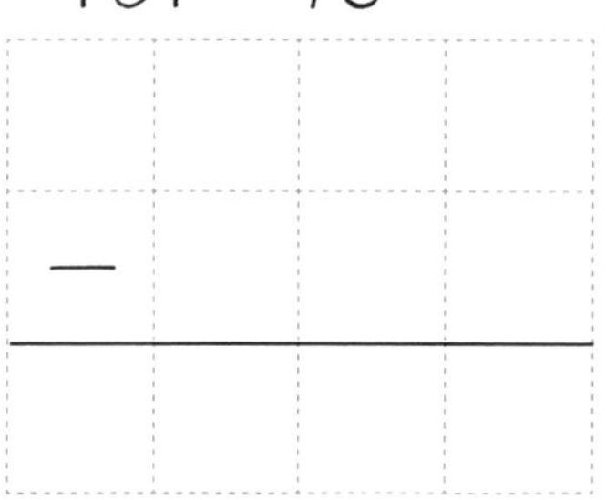

⑥ 102－16

くり下がりのところがわかるかな？　2回くり下がるよ。

1000までの　数①

（　　）に　あてはまる　数（かず）を　書（か）きましょう。

① 100を　3こと、10を　5こと、1を　4こ　あわせた　数。（　　　）

② 100を　3こと、10を　5こ　あわせた　数。（　　　）

③ 100を　3こと、1を　4こ　あわせた　数。（　　　）

④ 100を　3こと、1を　54こ　あわせた　数。（　　　）

⑤ 10を　35こと、1を　4こ　あわせた　数。（　　　）

⑥ 百のくらいの　数字（すうじ）が　6、十のくらいの　数字が　9、一のくらいの　数字が　2の　数。（　　　）

⑦ 百のくらいの　数字が　3、十のくらいの　数字が　6、一のくらいの　数字が　0の　数。（　　　）

365は、10を36こと、1を5こあわせた数だね。704も上のもんだいのようにわけてみよう。

8 1000までの　数 ②

1 大小の　記(き)ごう　<、>を　□に　入れましょう。

① 741 [>] 729　　② 902 [ ] 899

③ 407 [ ] 470　　④ 234 [ ] 243

⑤ 543 [ ] 345　　⑥ 128 [ ] 129

2 つぎの　数(かず)を　(　　)に　書(か)きましょう。

① 300より　400　大きい　数　(　　　)

② 800より　500　小さい　数　(　　　)

③ 900より　100　大きい　数　(　　　)

④ 1000より　10　小さい　数　(　　　)

2のように、500より300大きい数などをつくってみよう。どんな数のときに1000をこえるかな？

9 水の　かさ①

1　ジュースが　1L　あります。2dL　のみました。のこりは　何(なん)dLですか。（1L＝10dL）

しき　[10]　－　□　＝　□

答(こた)え　　　　dL

2　ジュースが　1L　あります。2つの　コップに　2dLずつ　入れます。のこりは　何dLですか。

しき　□　－　[2]　－　□　＝　□

答え　　　　dL

3　あぶらが　7L　あります。2本の　ペットボトルに　2Lずつ　入れます。のこりは　何Lですか。

しき　□　－　□　－　□　＝　□

答え　　　　L

LとdLのべんきょうだよ。Lはよく目にするけど、dLは見かけないね。
2dLはペットボトルなどには、200mLとかいてあるよ。

10 水の　かさ ②

月　日
できた数　　もん／6もん

1 つぎの　ジュースは　あわせて　何(なん)mLですか。

しき

500 ＋ □ ＋ □ ＋ □

＝ □

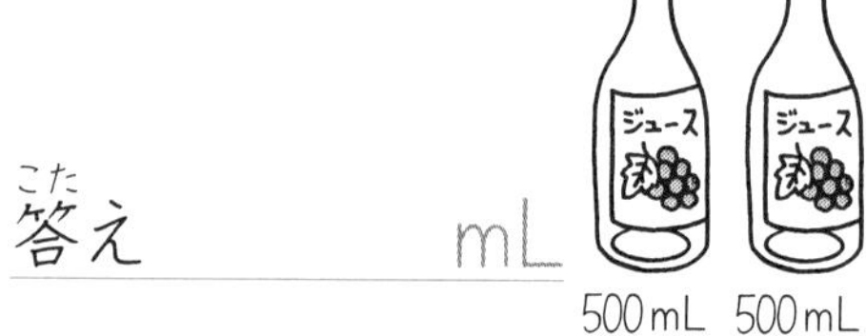

500mL　500mL

500mL　500mL

答(こた)え　　mL

2 〔　〕の　たんいに　なおして　（　）に　書(か)きましょう。

① 1L8dL〔mL〕 → （　　）

② 48dL〔mL〕 → （　　）

③ 23dL〔mL〕 → （　　）

④ 7000mL〔L〕 → （　　）

⑤ 1000mL〔L〕 → （　　）

学校でつかうマスはLマスとdLマスだね。キッチンで、水やちょうみりょうを計るマスにはmLのしるしがあるよ。

たし算と　ひき算①

1　つぎの　テープ図で　□　に　あてはまる　数を　書きましょう。

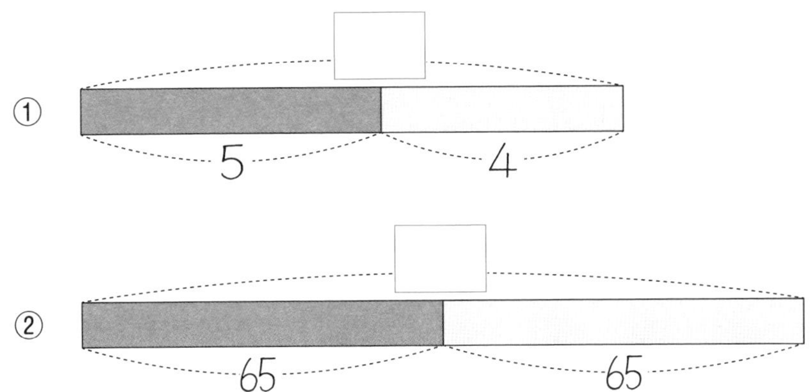

2　24まいの　カードが　あります。何まいか　つかったので、のこりが　16まいに　なりました。

①　下の　テープ図の　□　に　数を　書きましょう。

はじめ　24まい

つかった？まい　　のこり　□まい

②　つかったカードは　何まいですか。

しき　□　－　□　＝　□　　答え

たし算のテープ図は、２つの数が合体しているからわかりやすいね。

12 たし算と　ひき算 ②

1　えんぴつの　ねだんは　60円です。けしゴムの　ねだんは　えんぴつより　30円　高(たか)いです。けしゴムの　ねだんは　何円(なんえん)ですか。

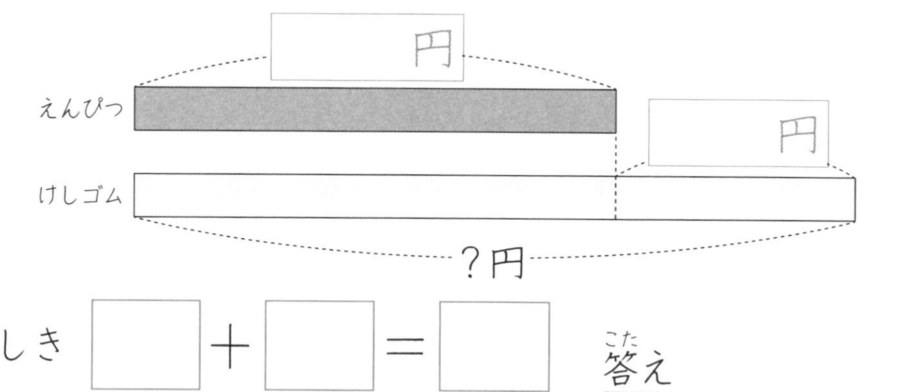

しき □＋□＝□　答(こた)え

2　自(じ)どう車(しゃ)が　12台(だい)　とまって　います。あとから　何台か　来(き)たので、ぜんぶで　28台に　なりました。
あとから　来たのは　何台ですか。

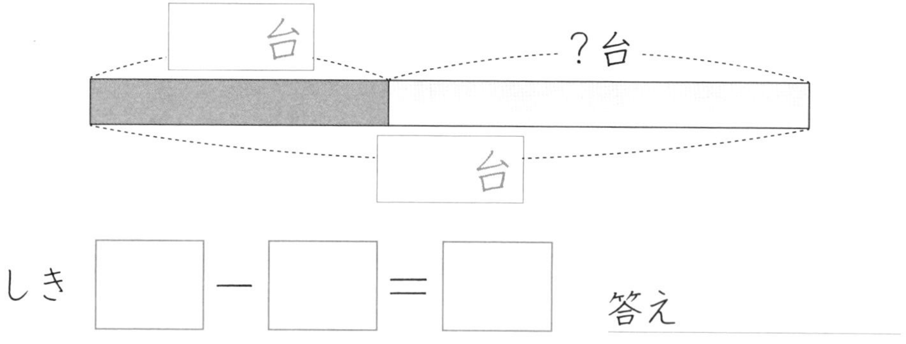

しき □－□＝□　答え

1のテープ図は、くらべる図。2は、全体からひく図だよ。わかっている数は2つ、わからない数は1つだね。

大きい数の　計算 ①

月　日

できた 数　もん ／8 もん

つぎの　計算(けいさん)を　しましょう。

①

	9	6
＋	4	7

②

	8	3
＋	9	8

③

	4	6
＋	5	7

④

	7	8
＋	2	5

⑤

	5	8	0
＋		2	7

⑥

	7	2	0
＋		9	4

⑦

	4	6	7
＋		2	5

⑧

	5	1	6
＋		4	4

③と④は、一のくらいがくり上がったことで、十のくらいもくり上がることになったよ。

14 大きい数の　計算②

月　日

できた数　もん／8もん

つぎの　計算(けいさん)を　しましょう。

①

	1	3	2
−		5	8

②

	1	4	6
−		7	9

③

	1	0	3
−		4	7

④

	1	0	7
−		3	9

⑤

	6	2	0
−		7	0

⑥

	8	2	6
−		4	0

⑦

	2	7	6
−		2	8

⑧

	6	2	8
−		4	5

③と④は、くり下げたい数が0だね。百のくらいからくり下げよう。

15 かけ算①

月　日

できた数　もん／3もん

1 5こ入りの　パンを　2ふくろ　買(か)いました。パンは　ぜんぶで　何(なん)こですか。

しき □ × □ ＝ □

答(こた)え　　こ

2 えんぴつが　5本ずつ　入った　ふでばこが　7つ　あります。えんぴつは　ぜんぶで　何本ですか。

しき □ × □ ＝ □

答え　　本

3 自(じ)てん車(しゃ)が　6台(だい)　あります。自てん車の　車りんは、ぜんぶで　何こですか。

しき □ × □ ＝ □

答え　　こ

ここから10まいは、かけ算だよ。九九がすらすらいえるかな。

16 かけ算 ②

1　かしわもちを　1人(ひとり)に　2こずつ　くばります。9人に　くばるには、かしわもちは　何(なん)こ　いりますか。

しき　□ × □ ＝ □

答(こた)え　　　　こ

2　ドーナツが　5こずつ　入った　はこが　9はこ　あります。ドーナツは　ぜんぶで　何こですか。

しき　□ × □ ＝ □

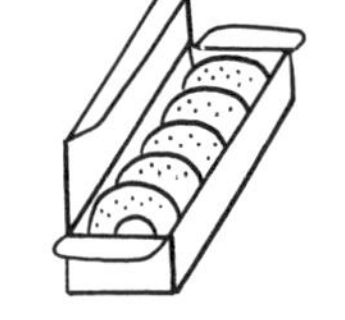

答え　　　　こ

3　つぎの　計算(けいさん)を　しましょう。

① 5×3＝　　　　② 2×2＝

③ 5×8＝　　　　④ 2×6＝

⑤ 5×4＝　　　　⑥ 2×7＝

2のだんと5のだんの九九を3回ずつとなえてから、もんだいをとこう。

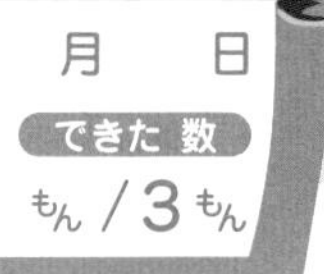

月　日

できた数　もん／3もん

17 かけ算 ③

1　ギョウザが　1さらに　3こずつ　のっています。6さら分（ぶん）では、ギョウザは　ぜんぶで　何（なん）こですか。

しき　□ × □ ＝ □

答（こた）え　　こ

2　1グループ　3人で、なわとびを　しています。なわとびを　しているのは　5グループです。
みんなで何人ですか。

しき　□ × □ ＝ □

答え　　人

3　タクシーの　タイヤは　4こです。タクシー5台分（だいぶん）の　タイヤは　ぜんぶで　何こですか。

しき　□ × □ ＝ □

答え　　こ

3のだんと4のだんも、3回ずつとなえてみよう。

かけ算 ④

1 4こ入りの　クッキーが　8ふくろ　あります。
クッキーは　ぜんぶで　何こですか。

しき □ × □ ＝ □

答え　　　　こ

2 3mの　4ばいの　長さは　何mですか。

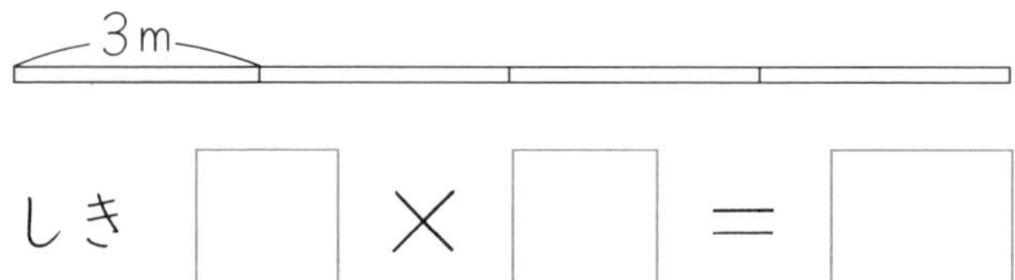

しき □ × □ ＝ □

答え　　　　m

3 つぎの　計算を　しましょう。

① 3×7＝　　　② 4×7＝

③ 3×8＝　　　④ 4×4＝

⑤ 3×6＝　　　⑥ 4×3＝

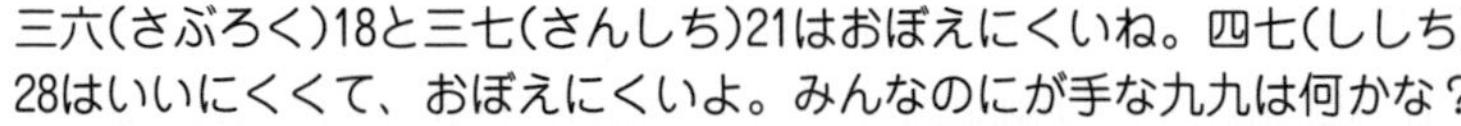

三六(さぶろく)18と三七(さんしち)21はおぼえにくいね。四七(ししち)28はいいにくくて、おぼえにくいよ。みんなのにが手な九九は何かな？

かけ算 ⑤

1　1パック　6本入りの　ボールペンが　6パック　あります。ボールペンは　ぜんぶで　何本(なんぼん)ですか。

しき　□ × □ ＝ □

答(こた)え　　　本

2　6人で　1グループです。5グループ　あります。みんなで　何人ですか。

しき　□ × □ ＝ □

答え　　　人

3　牛(ぎゅう)にゅうパックの　よこはばは　7cmです。3パック　ならべると、何cmに　なりますか。

しき　□ × □ ＝ □

答え　　　cm

6のだん、7のだんはおぼえにくいね。5回ずつとなえてから、もんだいをとこう。

かけ算 ⑥

1 1週間は 7日です。
3週間では 何日ですか。

しき □ × □ ＝ □

答え 日

2 クッキーを 1人に 6こずつ 5人に くばります。クッキーは ぜんぶで 何こ いりますか。

しき □ × □ ＝ □

答え こ

3 つぎの 計算を しましょう。

① 7×5＝

② 6×7＝

③ 7×9＝

④ 6×9＝

⑤ 7×7＝

⑥ 7×8＝

七のだんは、いちばんとなえにくいので、なんどもれんしゅうしよう。

かけ算 ⑦

月　日

できた 数

もん／3もん

1 8人がけの 長(なが)いすが 4つ あります。
ぜんぶで 何人(なんにん)まで すわれますか。

しき □ × □ ＝ □

答(こた)え　　　人

2 高(たか)さが 9cmの つみ木を 5こ つみました。
高さは 何cmに なりましたか。

しき □ × □ ＝ □

答え　　　cm

3 8こ入りの キャラメルが 7はこ あります。
キャラメルは ぜんぶで 何こですか。

しき □ × □ ＝ □

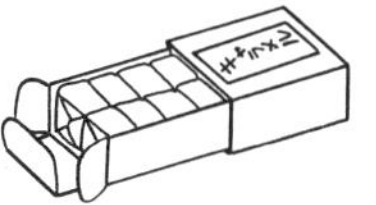

答え　　　こ

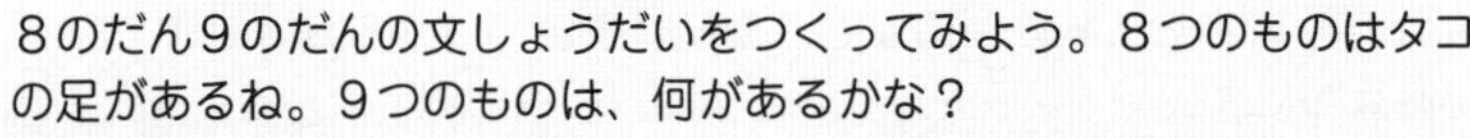

8のだん9のだんの文しょうだいをつくってみよう。8つのものはタコの足があるね。9つのものは、何があるかな？

かけ算 ⑧

つぎの　計算（けいさん）を　しましょう。

① 7×5＝　　　② 9×3＝

③ 6×4＝　　　④ 9×7＝

⑤ 7×7＝　　　⑥ 8×4＝

⑦ 6×7＝　　　⑧ 9×8＝

⑨ 6×9＝　　　⑩ 7×3＝

⑪ 9×9＝　　　⑫ 6×3＝

⑬ 8×2＝　　　⑭ 7×8＝

⑮ 8×6＝　　　⑯ 6×5＝

⑰ 8×8＝　　　⑱ 9×5＝

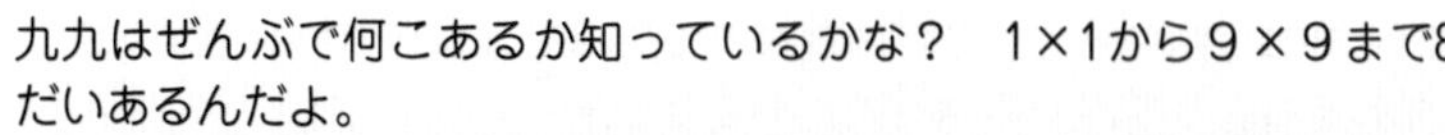

かけ算 ⑨

1 1チーム 9人で 野(や)きゅうを します。
4チームでは みんなで 何人(なんにん)ですか。

しき □ × □ = □

答(こた)え 人

2 かけっこは、1回(かい)に 6人ずつ 走(はし)ります。6回
走りました。走ったのは みんなで 何人ですか。

しき □ × □ = □

答え 人

3 1週間(しゅうかん)は 7日です。
6週間では 何日ですか。

しき □ × □ = □

答え 日

7のだんの文しょうだいをつくると、何があるかな？ 1週間は7日、ナナホシテントウの黒い点は7こ、七ふくじんは7人だね。

かけ算 ⑩

つぎの 計算(けいさん)を しましょう。

① 8×3＝　　② 7×4＝

③ 7×6＝　　④ 6×2＝

⑤ 9×4＝　　⑥ 8×9＝

⑦ 6×8＝　　⑧ 7×2＝

⑨ 8×7＝　　⑩ 5×9＝

⑪ 8×8＝　　⑫ 7×9＝

⑬ 5×7＝　　⑭ 9×6＝

⑮ 6×6＝　　⑯ 9×2＝

⑰ 5×5＝　　⑱ 5×8＝

九九をおぼえるときは、ごろあわせもつかってみよう。

長さ ①

月　日

できた 数　もん／2もん

1　右の　三角形(さんかくけい)の　まわりを　1しゅう　すると、何(なん)cmですか。また　何mmですか。

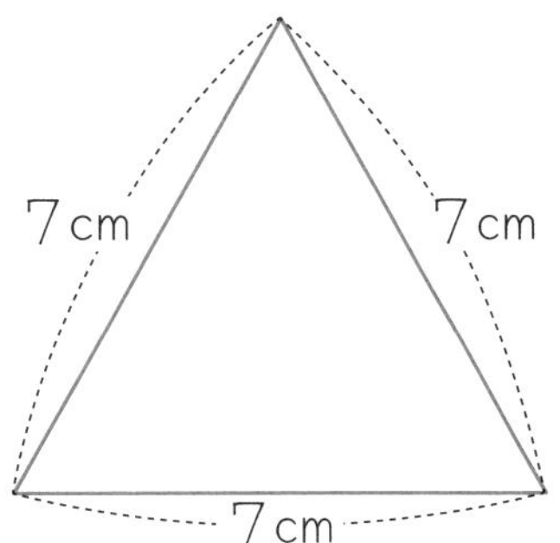

しき　□×□＝□

答(こた)え　　cm　　　mm

2　右の　正方形(せいほうけい)の　まわりを　1しゅう　すると、何cmですか。また、何mmですか。

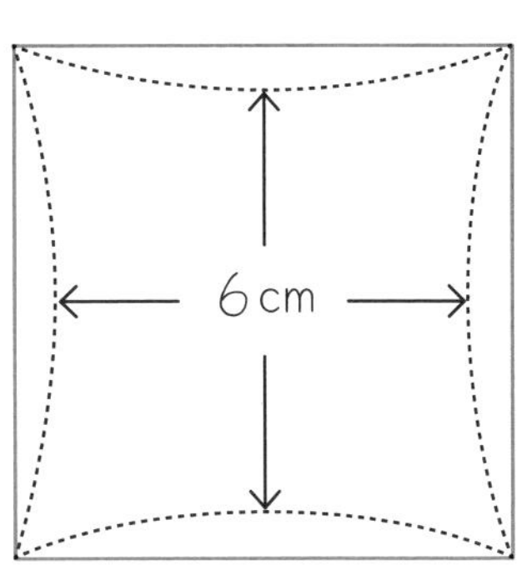

しき　□×□＝□

答え　　cm　　　mm

cmをmmにするのは、10ばいするだけだから、かんたんだね。

長さ ②

1 右の 五角形(ごかくけい)の まわりを 1しゅう すると 何(なん)cmですか。また、何mmですか。

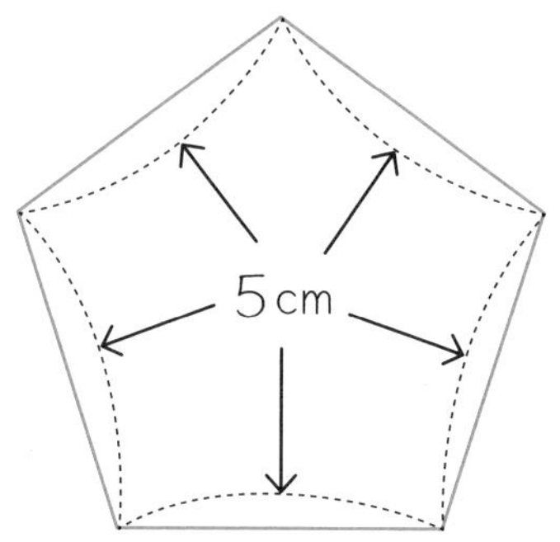

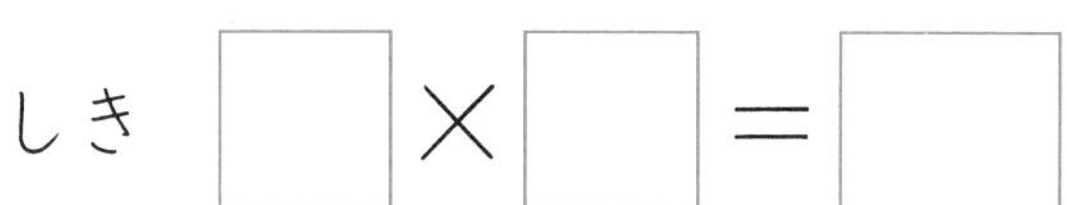

しき □×□＝□

答(こた)え　　cm　　　mm

2 ㋐、㋑、㋒を むすんだ 線(せん)の 長(なが)さを はかります。長さは 何cmですか。

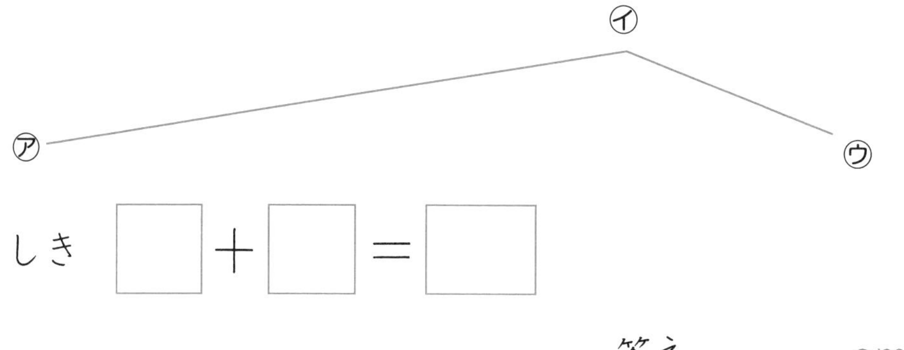

しき □＋□＝□

答え　　cm

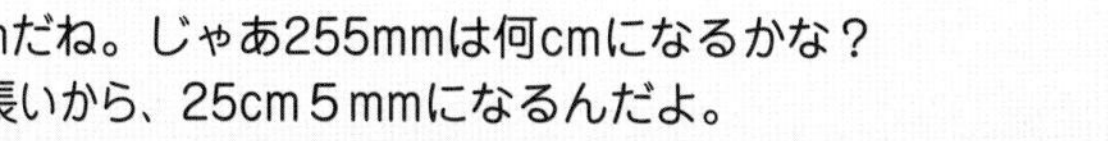

三角形と　四角形

月　　日

できた 数

もん / 3 もん

つぎの　図の　中から、直角三角形、長方形、正方形を　見つけましょう。

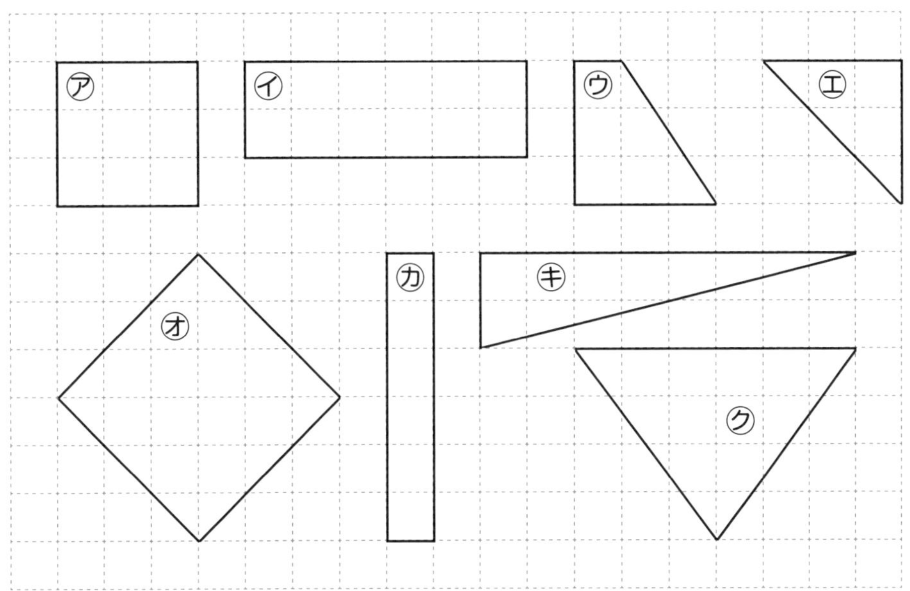

直角三角形（　　　　　）

長方形（　　　　　）

正方形（　　　　　）

ウの形にも台形という名前がついているんだよ。４年生でならうよ。

10000までの　数

1　□に　あてはまる　数(かず)を　書(か)きましょう。

① [3998] — [3999] — [　　] — [　　] — [4002]

② [　　] — [9700] — [　　] — [9900] — [　　]

2　つぎの　数を　大きい　じゅんに　書きましょう。

4056　　3030　　3999　　2764

(　　　)→(　　　)→(　　　)→(　　　)

3　㋐2300、㋑4100、㋒5500を　下の　数直線(すうちょくせん)に、↑㋐のように　しるしを　つけましょう。

2000　　3000　　4000　　5000

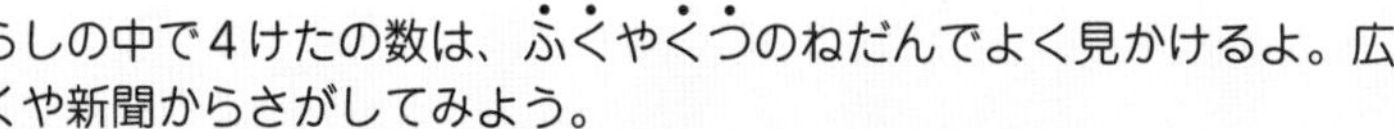
くらしの中で4けたの数は、ふくやくつのねだんでよく見かけるよ。広こくや新聞からさがしてみよう。

分数①

月　日

できた数　もん／7もん

1　同じ　大きさに　2つに　分けた　1つ分を　もとの　大きさの　二分の一　といい、$\frac{1}{2}$と　書きます。$\frac{1}{2}$の　れんしゅうを　しましょう。

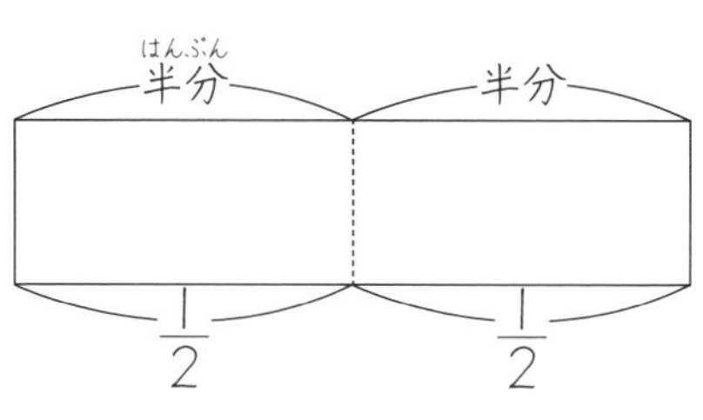

③①② $\frac{1}{2}$　$\frac{1}{2}$　$\frac{\ }{2}$

2　$\frac{1}{2}$に、色を　ぬりましょう。

①

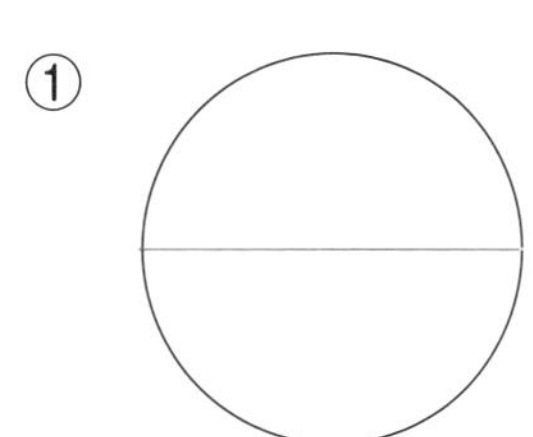

②

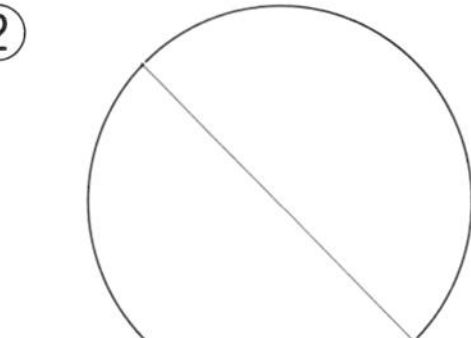

③

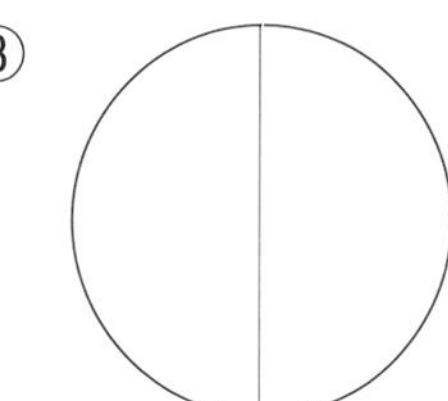

④

⑤

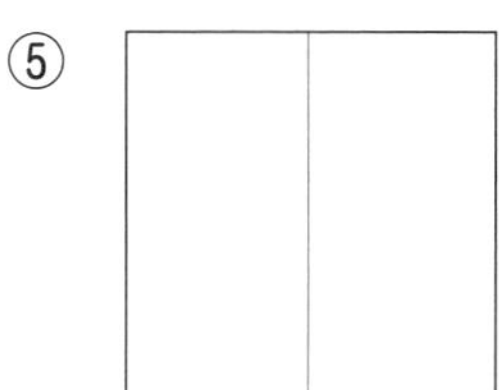

⑥

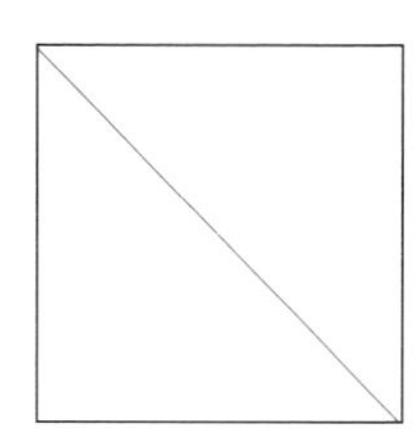

くらしの中でつかう半分は$\frac{1}{2}$のことだよ。まんじゅうを半分、ジュースを半分ずつというのは$\frac{1}{2}$のことだね。

分数 ②

月　日

できた 数

もん／7もん

1 同じ　大きさに　3つに分けた　1つ分を　もとの大きさの　三分の一　といい、$\frac{1}{3}$と　書きます。$\frac{1}{3}$のれんしゅうを　しましょう。

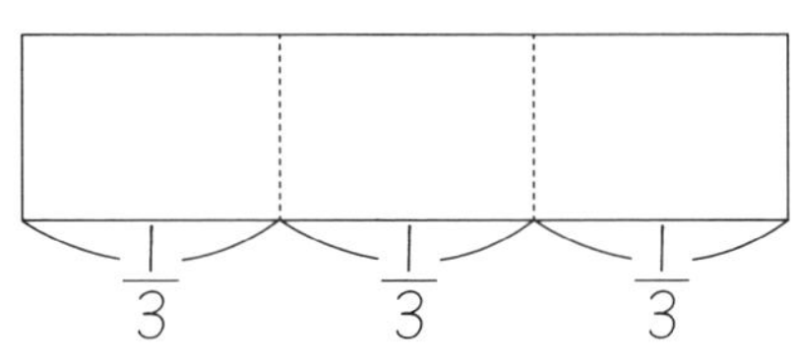

③ ① ② $\frac{1}{3}$　$\frac{1}{3}$　$\frac{}{3}$

2 $\frac{1}{3}$に、色を　ぬりましょう。

①

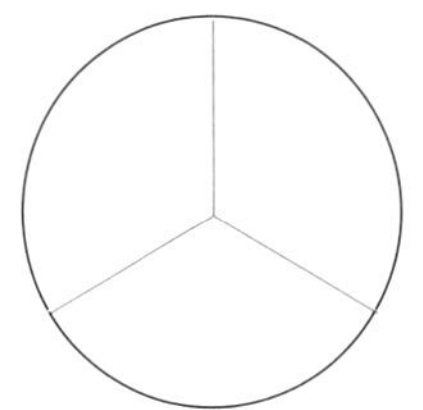

②

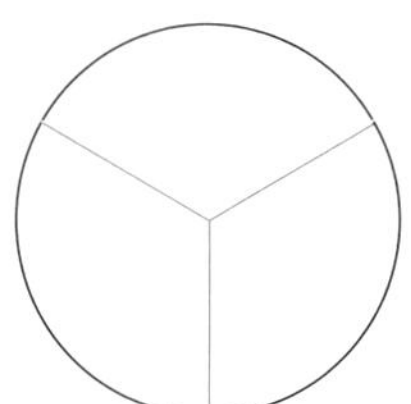

③

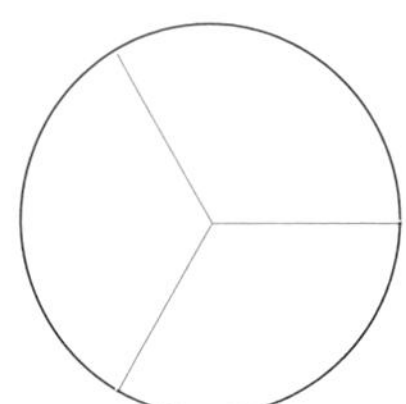

④

⑤

⑥

正しい書きじゅんで書けたかな？　3分の1は、まん中のよこぼうを書いてから、下に3、上に1と書くんだよ。

31 はこの　形 ①

月　日
できた 数
もん／3もん

右の　はこの　へんを　切(き)って、ひらくと　下の　形(かたち)に　なります。

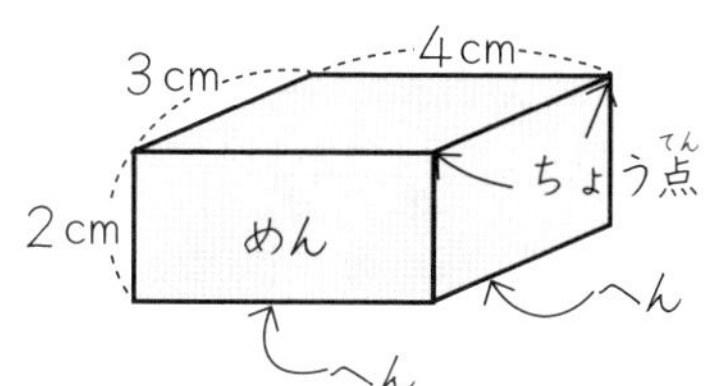

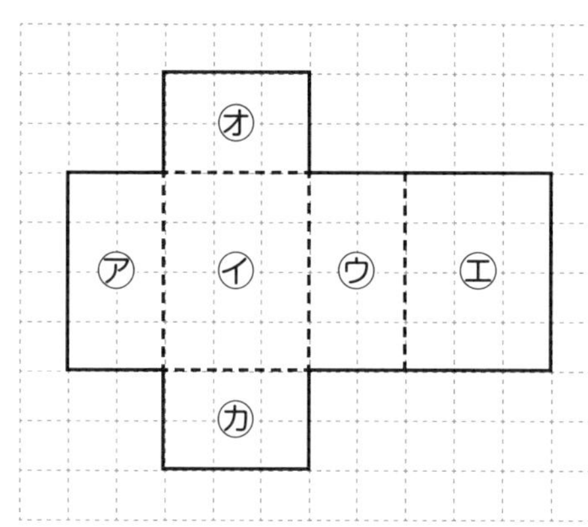

太(ふと)い　線(せん)は　切った　へんを　あらわし、点線(てんせん)は　おり目の　へんを　あらわします。

① はこの　形で、㋐の　めんと　むかいあう　めんは　どれですか。

(　　　　)

② はこの　形で、㋔の　めんと　むかいあう　めんは　どれですか。

(　　　　)

③ はこには　めんが　何(なん)こ　ありますか。

(　　　　)

はこをひらいた図（てんかい図）は、上の図だけではないよ。㋐～㋕の形をつくって、はこになるように、ならべてみよう。

はこの　形 ②

1　下の　図は、さいころを　ひらいた　形です。

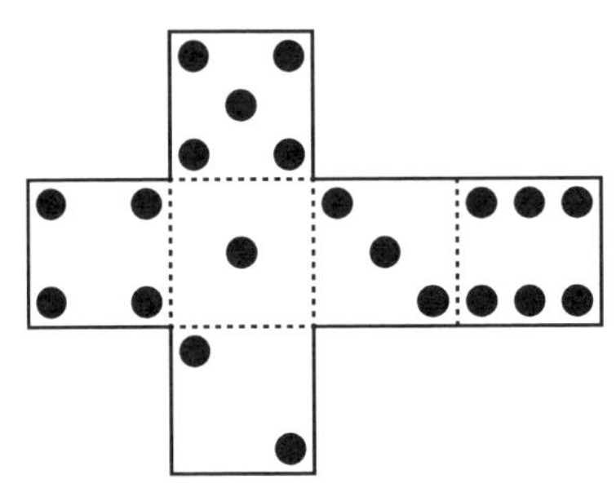

① さいころの　めんは　何こ　ありますか。

（　　　　　）

② ⊡と　むかいあう　めんの　図を　かきましょう。

（　　　　　）

③ めんの　形は　何と　いいますか。

（　　　　　）

2　竹ひごと　ねん土の　玉で、はこの　形を　つくります。

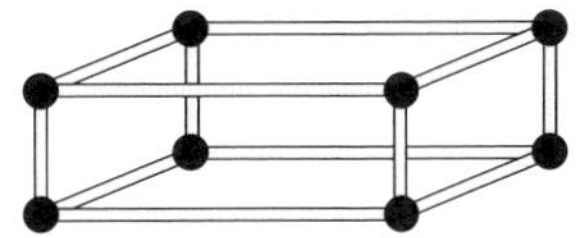

① ねん土の　玉は　何こ　いりますか。

（　　　　　）

② 同じ　長さの　竹ひごは　何本ずつ　いりますか。

（　　　　　）

さいころの上下の数をたしてみよう。いくつになるかな？　1＋6、4＋3、5＋2どれをたしても同じ7になるよ。

1 春を　さがそう

春に　見られる　草花、生きものには　○を、そうでない　ものには　×を　つけましょう。（○は　4こです）

① タンポポ

（　　　）

② サクラ

（　　　）

③ モンシロチョウ

（　　　）

④ トンボ

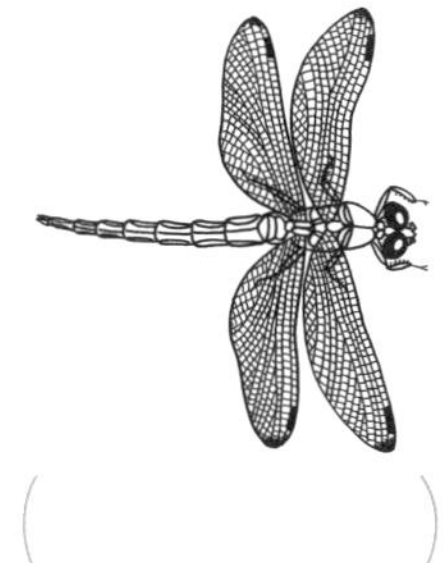

（　　　）

⑤ カキ

（　　　）

⑥ カマキリのよう虫

（　　　）

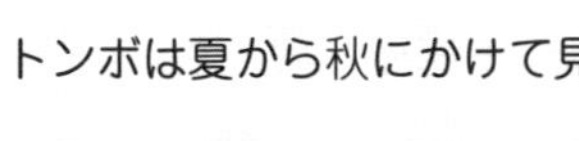

2 夏を　さがそう

夏（なつ）に　見られる　草花、生きもの、みの　まわりの　ものには　○を、そうでない　ものには　×を　つけましょう。（○は　4こです）

①　カマキリのたまご

（　　　）

②　アサガオ

（　　　）

③　スイカ

（　　　）

④　ギンナン

（　　　）

⑤　入道雲（にゅうどうぐも）

（　　　）

⑥　プール

（　　　）

カマキリのたまごを見たことがあるかな？　冬に見られるよ。

3

秋を　さがそう

月　日
できた数
もん／6もん

秋(あき)に　見られる　草花、生きもの、みの　まわりの　ものには　○を、そうでない　ものには　×を　つけましょう。（○は　4こです）

① カラスノエンドウ

（　　）

② クリ

（　　）

③ ジャガイモ

（　　）

④ オオバコ

（　　）

⑤ 月見

（　　）

⑥ いねかり

（　　）

カラスノエンドウやオオバコは春から夏に見られるよ。

4 冬を　さがそう

冬(ふゆ)に　見られる　草花、生きもの、みの　まわりの　ものには　○を、そうでない　ものには　×を　つけましょう。(○は　4こです)

① はに　かくれる　テントウムシ

(　　)

② アブラナ

(　　)

③ サツマイモ

(　　)

④ ハクサイ

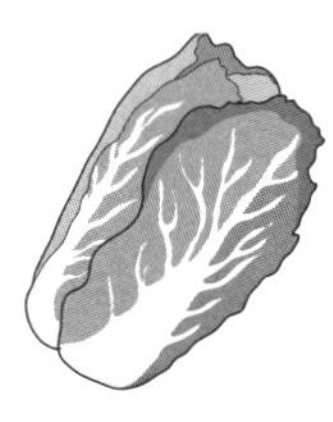

(　　)

⑤ こたつ

(　　)

⑥ おしるこ

(　　)

アブラナは、なの花のことだよ。春に黄色い花がさくね。

5

パンを　つくる①

パンを　つくるには　どんな　ざいりょうが　ひつようですか。□の　中から　えらんで（　）に書（か）きましょう。

① (　　　　　　) ……… 白い　こな　200グラム

② (　　　　　　) ……… パンを　ふくらます　もの　小さじ　1ぱい

③ (　　　　　　) ……… なめると　あまい　もの　15グラム

④ (　　　　　　) ……… なめると　しょっぱい　もの　小さじ　半分（はんぶん）

⑤ (　　　　　　) ……… 牛（ぎゅう）にゅうから　つくる　もの　30グラムぐらい

⑥ (　　　　　　) ……… やく100ミリリットル

水や牛（ぎゅう）にゅう	小麦（こむぎ）こ	しお
パンこうぼ	さとう	バター

食パンのふくろを見ると、上の①〜⑤が書いてあるよ。バターのかわりにマーガリン、パンこうぼはイーストともいうよ。

6 パンを　つくる②

パンを　つくります。下の　絵(え)を　パンを　つくる　じゅん番(ばん)に　ならべましょう。□に　絵の　㋐～㋕の　記(き)ごうを　書(か)きましょう。

㋐

ふくらむまで　まつ

㋑

こねる

㋒

ざいりょうを　まぜる

㋓

やく

㋔

形(かたち)を　つくる

㋕

できあがり

こねたざいりょうがふくらむまで、まつことを「きじをねかす」というよ。しっかり、ふくらんでから形をつくろう。

7

まちの　しごと ①

月　日

できた数　もん／4もん

つぎの　人は　どんな　しごとを　していますか。
しごとの　名前(なまえ)を　[　]から　えらんで、記(き)ごうを（　）に　書(か)きましょう。

①

（　　）

②

（　　）

③

（　　）

④

（　　）

㋐ クリーニングや　㋑ 肉(にく)や　㋒ 食(しょく)どう　㋓ びよういん

①のように肉を切る店や、②のようにアイロンをあてる店は少なくなったね。見たことがあるかな？

8

まちの　しごと ②

月　日
できた数
もん／4もん

つぎの　人は　どんな　しごとを　していますか。
しごとの　名前(なまえ)を　□から　えらんで、記(き)ごうを（　）に　書(か)きましょう。

①

（　　）

②

（　　）

③

（　　）

④

（　　）

㋐ ようせつ　㋑ せいそう　㋒ 大工(だいく)　㋓ 自(じ)どう車(しゃ)せいび

㋐～㋓のしごとをいくつ見たことがあるかな？

9

そだてる　しごと①

月　日
できた数　もん／4もん

のう家の　人が　いろいろな　ものを　そだてたり　つくったり　しています。
どんな　しごとを　しているのか　□の　中から　えらんで　（　　）に　書きましょう。

①

（　　　　　）

②

（　　　　　）

③

（　　　　　）

④

（　　　　　）

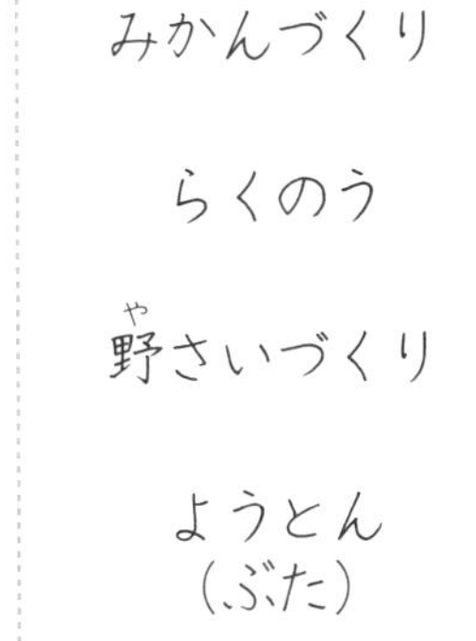

「らくのう」は、牛・ひつじなどをそだてて、ちちをしぼったり、バターをつくったりするのうぎょうのことだよ。

10

そだてる　しごと②

月　日

できた数　もん／4もん

のう家(か)の　人が　いろいろな　ものを　そだてたり　つくったり　しています。

どんな　しごとを　しているのか　[　　]の　中から　えらんで（　　）に　書(か)きましょう。

①

（　　　　　）

②

（　　　　　）

③

（　　　　　）

④

（　　　　　）

ようけい（にわとり）

茶(ちゃ)づくり

米(こめ)づくり

花づくり

ようけいとは、にわとりをそだてることだよ。

11 工場の　しごと ①

つぎの　ものの　中には、工場(こうじょう)で　つくられた　ものが　あります。工場で　つくられている　ものには　○を、そうでない　ものには　△を　つけましょう。

① 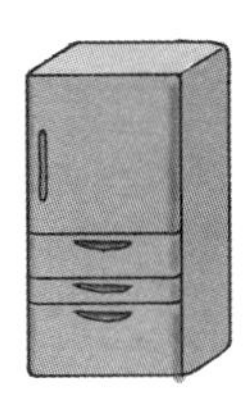
（　　）

② 
（　　）

③ 
（　　）

④ 

（　　）

⑤ 
（　　）

⑥ 
（　　）

⑦ 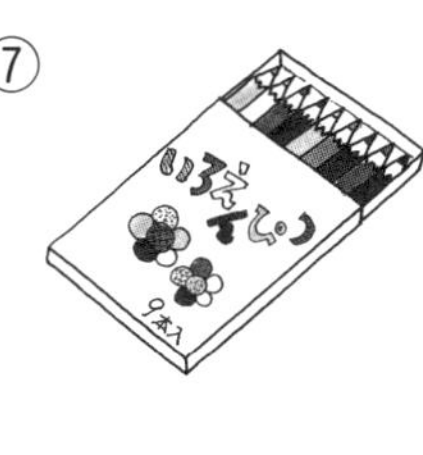

（　　）

⑧ 
（　　）

⑨ 
（　　）

キッチンなどでつかう、まないた、すりばち、ゆのみなどは、ほとんどが工場でつくられているけど、手づくりのものもあるね。

12

工場の　しごと ②

つぎの　ものの　中には、工場(こうじょう)で　つくられた　ものが　あります。工場で　つくられている　ものには　○を、そうでない　ものには　△を　つけましょう。

①（　　）

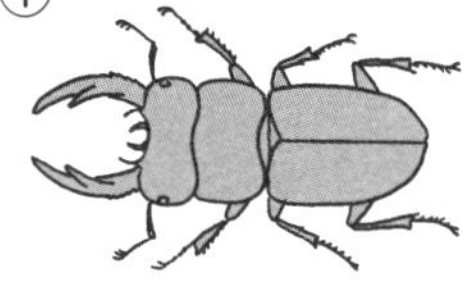

②（　　）

③（　　）

④（　　）

⑤（　　）

⑥（　　）

⑦（　　）

⑧（　　）

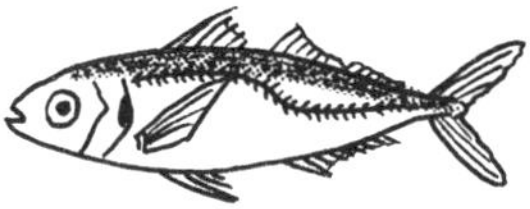

⑨（　　）

クワガタムシやリンゴ、魚は、工場でつくられていないね。

13 しごとと　時間 ①

パン工場では　いろいろな　人が　はたらいています。ひょうを　見て　もんだいに　答えましょう。

	午前 0 1 2 3 4 5 6 7 8 9 10 11 12	午後 1 2 3 4 5 6 7 8 9 10 11 12じ
パンを つくる　人	夜の　はん　／　朝の　はん	
じむの　人		
はいたつの 人		
社いん食どうの　人		

…はたらく時間　　…食どうが　ひらいている　時間

パン工場では、どんな　しごとを　する　人が　はたらいていますか。

（　　　　　　）（　　　　　　）

（　　　　　　）（　　　　　　）

工場や会社ではたらく人のために、会社の中にある食どうを「社いん食どう」というよ。

14 しごとと　時間②

「しごとと　時間①」の　ひょうを　見て　答えましょう。

① じむの 人は 何時から 何時まで はたらいていますか。

午前（　　）時から　午後（　　）時まで

② パンを　つくる　人は　2つの　はんに　分かれています。それぞれの　しごとの　時間を　書きましょう。

夜の はんの 人	午後（　）時から 午前（　）時まで
朝の はんの 人	午前（　）時から 午後（　）時まで

③ はいたつの 人は 何時から 何時まで はたらいていますか。

午前（　　）時から　午前（　　）時まで

④ 社いん食どうの　人は　昼間は　何時から　何時まで　はたらいていますか。

午前（　　）時から　午後（　　）時まで

同じ工場でも、しごとによって、はたらく時間がちがうんだね。みんなのおうちの人はどんな時間にはたらいているかな？

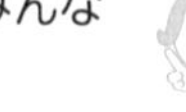

15 もようを　つくる①

月　日

できた数　　もん／2もん

おり紙を　2回　おって、①、②の　ように　線を　かきます。その線に　そって　切りましょう。①、②は　広げると　㋐、㋑の　どちらの　形に　なりますか。

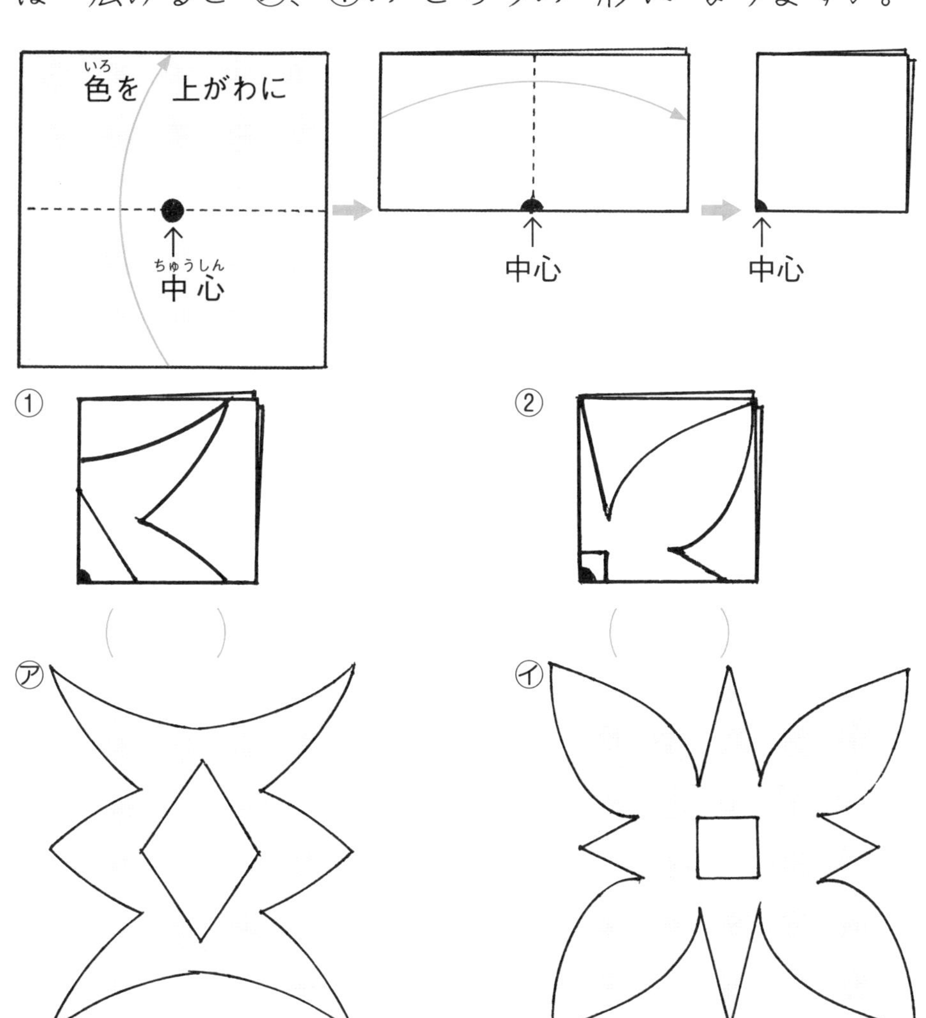

切るときは、おり紙の中心がどこにあるかに気をつけよう。

もようを　つくる②

月　日
できた数
もん ／2もん

おり紙(がみ)を　2回(かい)　おって、①、②の　ように　線(せん)を　かきます。その線に　そって　切(き)りましょう。①、②は　広(ひろ)げると　㋐、㋑の　どちらの　形(かたち)に　なりますか。

色(いろ)を　上がわに

中心(ちゅうしん)

中心

中心

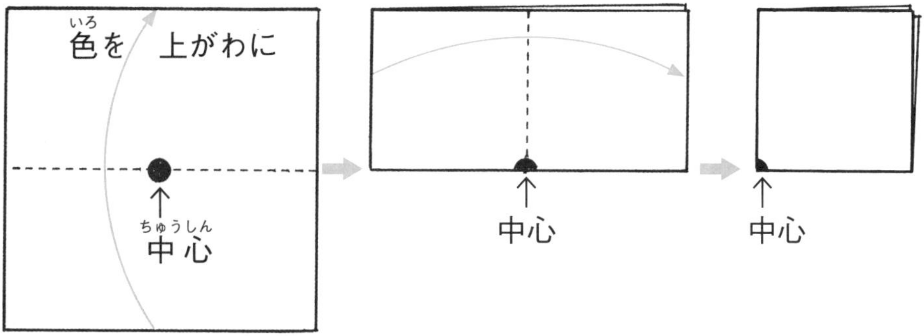

①

②

（　　）

（　　）

㋐

㋑

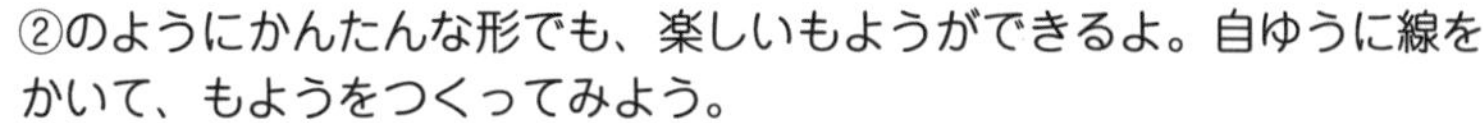

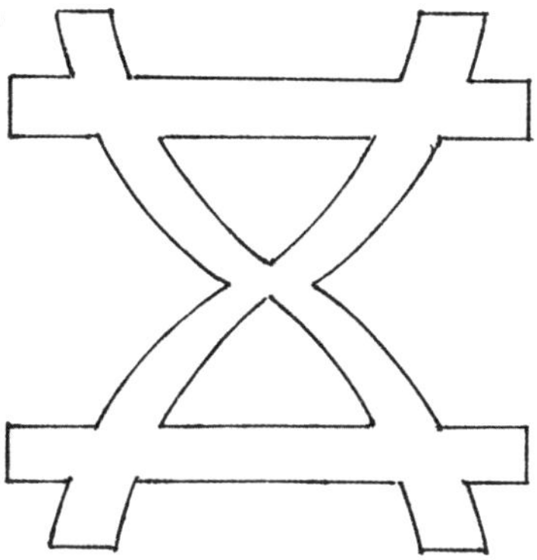

②のようにかんたんな形でも、楽しいもようができるよ。自ゆうに線をかいて、もようをつくってみよう。

17 しごとを　する　車①

月　日　できた数　もん／4もん

つぎの　車や　バイクは　どんな　しごとを　して　いますか。絵に　あう　車の　名前を　[　　]から　えらんで　（　　）に　書きましょう。

①

（　　　　　　）

②

（　　　　　　）

③

（　たくはいの車　）

④

（　　　　　　）

出前のバイク　　タクシー　　トラック　　たくはいの車

自てん車、スクーターなどは、ゆうびんぶつのはいたつ、新聞のはいたつに大活やくだね。見たことがあるかな？

18 しごとを　する　車②

月　日

できた数　もん／4もん

つぎの　車は　どんな　しごとを　していますか。絵(え)に　あう　車の　名前(なまえ)を　［　］から　えらんで（　）に　書(か)きましょう。

①

（キャリーカー）

②

（　　　　）

③

（　　　　）

④

（　　　　）

レッカー車　ゆうびんの車　タンクローリー
キャリーカー

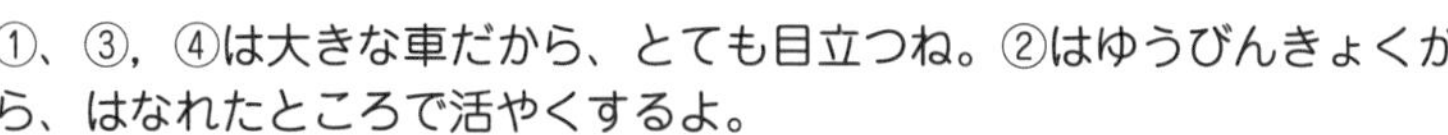

①、③，④は大きな車だから、とても目立つね。②はゆうびんきょくから、はなれたところで活やくするよ。

19 たくはいびん ①

1　たくはいびんで　とどいた　ことが　ある　ものに〇を　つけましょう。

（　　）お中元（ちゅうげん）　（　　）おせいぼ　（　　）くだもの

（　　）お米（こめ）　（　　）野（や）さい　（　　）おかし

（　　）電気（でんき）せいひん　（　　）おたん生日プレゼント

（　　）べんきょうの　本や　絵本（えほん）など

（　　）いりょうひん（ふく・きものなど）

（　　）れいとう食（しょく）ひん（カニ・魚（さかな）・肉（にく）など…）

2　あなたの　家（いえ）から　たくはいびんを　おくった　ことが　ありますか。だれに　何（なに）を　おくりましたか。

だれに（　　　　　　　　　　　　）

何を（　　　　　　　　　　　　）

たくはいびんをおくるときは、日時のしていもできるね。通る道と、くばる時こくを考えているんだよ。

20

たくはいびん②

たくはいびんは とどくまでに たびを しています。絵(え)に あう せつ明(めい)を [ ] から えらんで ( )の 中に 記(き)ごうを 書(か)きましょう。

① ( )

② にもつを 車で あつめる

③ 行(い)き先べつに分(わ)ける

④ ( )

⑤ ( )

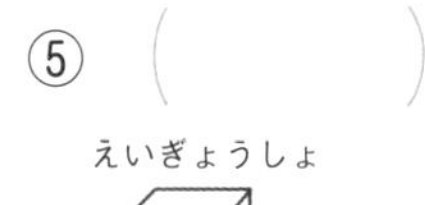

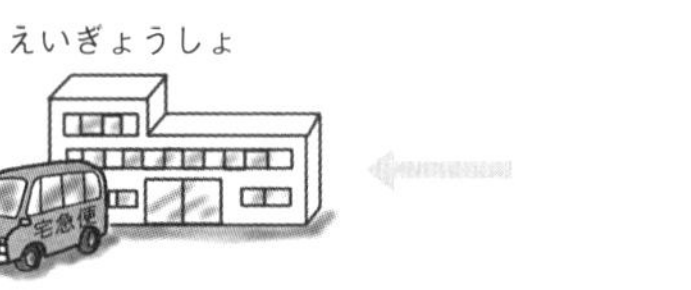

⑥ にもつが とどく

㋐ 店(みせ)に もって いって でんぴょうに あて先などを 書く。
㋑ ターミナルから 行き先近(ちか)くの えいぎょうしょに はこぶ。
㋒ えいぎょうしょから とどいた にもつを ターミナルで 分ける。

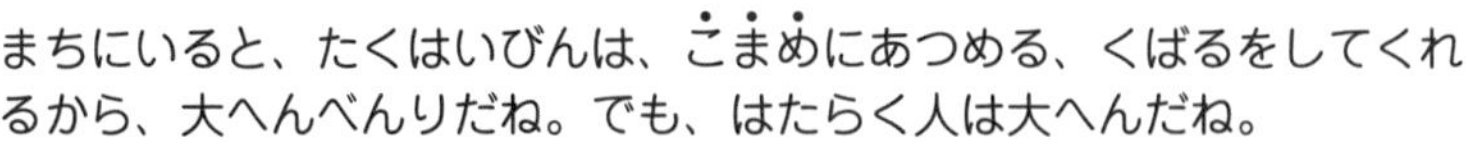

まちにいると、たくはいびんは、こまめにあつめる、くばるをしてくれるから、大へんべんりだね。でも、はたらく人は大へんだね。

スーパーマーケット ①

月　日
できた数
もん /6もん

近く(ちか)の　スーパーマーケットに　行っ(い)てみましょう。
つぎの　しなものは　どこの　コーナーに　ありますか。線(せん)で　むすびましょう。

しなもの	コーナー
① しょうゆ・しお	㋐ くだもの
② マグロ・アジ・サバ	㋑ 野(や)さい
③ だいこん・ピーマン	㋒ 肉(にく)
④ れいとうコロッケ	㋓ れいとう食(しょく)ひん
⑤ なし・みかん	㋔ 魚(さかな)
⑥ 牛肉(ぎゅうにく)・とり肉	㋕ ちょうみりょう

スーパーマーケットがあれば、①～⑥のものがどのコーナーにあるかをたしかめてみよう。すべて見つけられるかな？

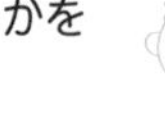

22 スーパーマーケット ②

スーパーマーケットで　つかう　ことばです。どんな　いみですか。せつ明を　線で　むすびましょう。

① バーコード	㋐ あじを　みる　ために食べられるもの。
② レジ	㋑ 買った　しなものと　その　ねだんを　書いた紙。
③ ○○ひん　コーナー	㋒ いつもより　ねだんを下げて　売ること。
④ し食ひん	㋓ 太さや　すきまの　ちがう　黒い　線の　記ごう。
⑤ レシート	㋔ しなものの　合計の　ねだんを　出す。お金を　はらうところ。
⑥ やす売り　セール	㋕ しなものべつに　分けておいてあること。

家にあるスーパーマーケットのレシートに、何が書いてあるかを見てみよう。

23

交通あんぜん①

町には、いろいろな　交通ひょうしきが　あります。
つぎの　交通ひょうしきは、どんな　いみが　ありますか。線で　むすびましょう。

①

㋐　一時ていし
（かならず　止まって　あんぜんを　たしかめてから　すすみましょう。）

②

㋑　車りょうしん入きん止
（車は、この道に　入っては　いけません。）

③

㋒　学校・ようちえん・ほいくしょなど　あり
（近くに　学校などが　あり　子どもが　います。）

①〜③の交通ひょうしきを見たことがあるかな？　何色だったかな？

24 交通あんぜん ②

町には、いろいろな　交通（こうつう）ひょうしきが　あります。
つぎの　交通ひょうしきは、どんな　いみが　ありますか。線（せん）で　むすびましょう。

①

・　・㋐　ふみきり　あり
（電車（でんしゃ）の　ふみきりに、ちゅういしましょう。）

②

・　・㋑　歩（ほ）こうしゃ　おうだんきんし止（し）
（歩こうしゃは、ここで　道（どう）ろを　わたっては　いけません。）

③

・　・㋒　自（じ）てん車（しゃ）　おうだんたい
（自てん車が　道ろを　わたる　ところです。）

交通ひょうしきの絵は、パッと見てわかるようになっているんだよ。
①〜③のひょうしきには何がかかれているかな？

25 場しょ・方こう ①

月　日　できた数　もん／1もん

どうぶつや　虫が　すんでいる　4かいだての　マンションが　あります。すべての　名前(なまえ)を　3回(かい)ずつ　読(よ)みましょう。

左				右
イヌ	ウサギ	ゾウ	コウノトリ	キリン
カモシカ	ネコ	ゴリラ	カエル	ライオン
イノシシ	ペンギン	アキラさん	シカ	サル
クマ	カマキリ	イタチ	タヌキ	ウミガメ

上／下

ぜんぶ、すらすら読めたかな？　知らないどうぶつや虫があったら、ずかんでしらべてみよう。

場しょ・方こう ②

「場しょ・方こう①」を　見て　答えましょう。

つぎの　へやに　すんでいるのは　何ですか。その名前を　書きましょう。

① アキラさんの　すぐ　上の　かいの　へや　（　　　）

② アキラさんの　すぐ　左の　へや　（　　　）

③ 4かいの　左から　3番目の　へや　（　　　）

④ クマの　2かい上の　右はしの　へや　（　　　）

⑤ ウサギから　3かい下の　左から　3番目の　へや　（　　　）

⑥ クマの　1かい上の　左から　5番目の　へや　（　　　）

⑦ ウサギの　へやの　左ななめ下の　へや　（　　　）

⑧ ウミガメの　へやの　左ななめ上の　へや　（　　　）

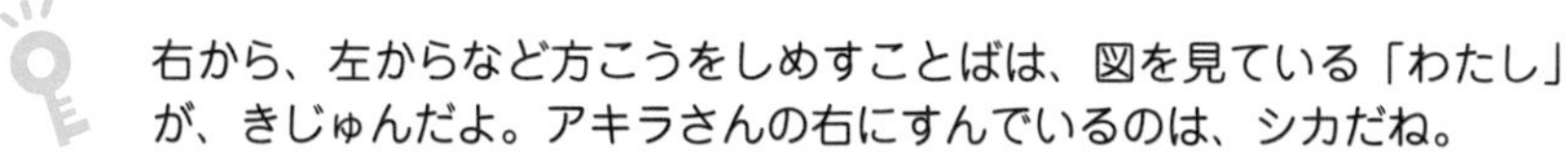

場しょ・方こう ③

1 りょう足を すこし 広(ひろ)げて 立ちましょう。そして 右回(みぎまわ)りに 回ってみましょう。

㋐と ㋑の どちらが 右回りですか。正しい 方(ほう)に ○を つけましょう。

（　　）（　　）

2 水道(すいどう)の 水を 出す ときは、右と 左の どちらに じゃ口を 回しますか。水を 止(と)める ときは、どちらに 回しますか。回す 方こうに 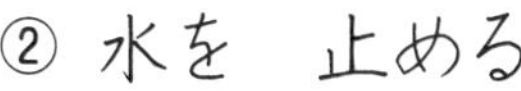を（　）に 書(か)きましょう。

① 水を 出す

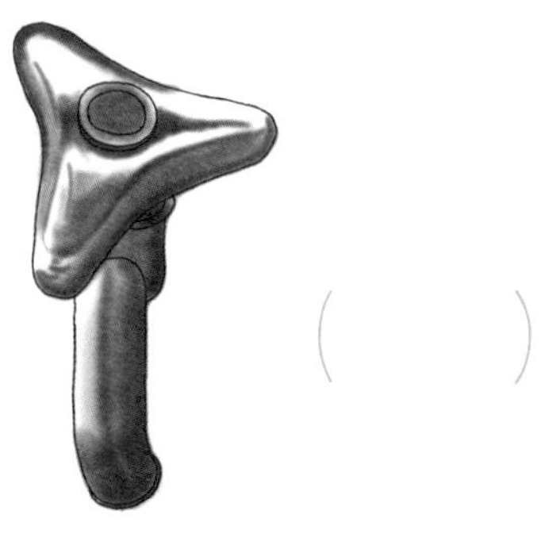

（　　）

② 水を 止める

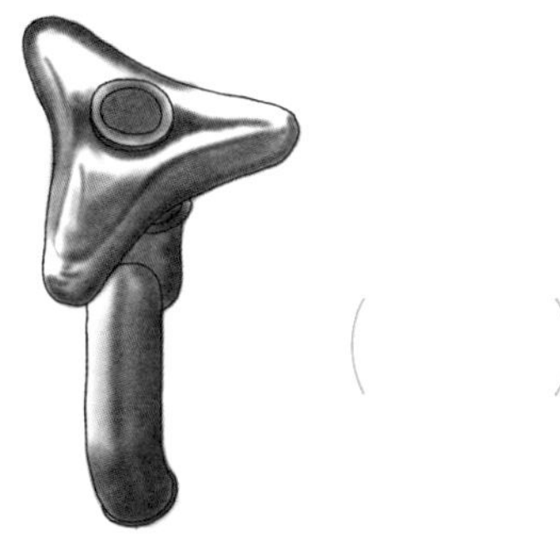

（　　）

円のまわりを1しゅうしてみよう。右手をよこに上げて歩いたときに、右手が円の中心をむいていたら、右まわりだよ。

28

場しょ・方こう ④

月　日

できた数　もん／2もん

1　東西南北を　たしかめましょう。
　右の　絵は　方いじしんです。東・西・南・北を（　）に　書きましょう。

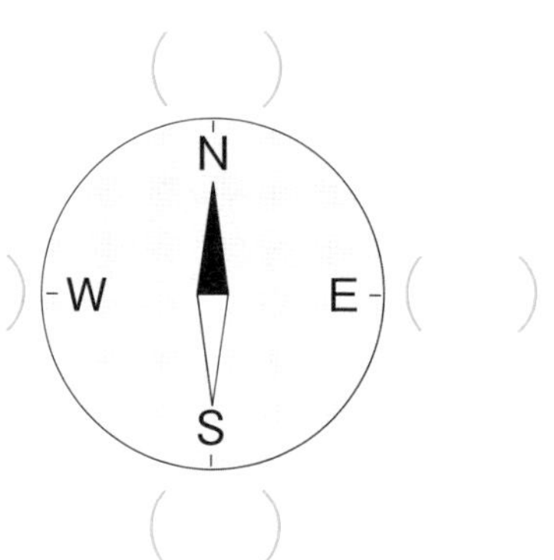

2　学校の　うんどう場で、東・西・南・北に　何が　あるか　教えてもらい、絵か　名前を　□に　かきましょう。

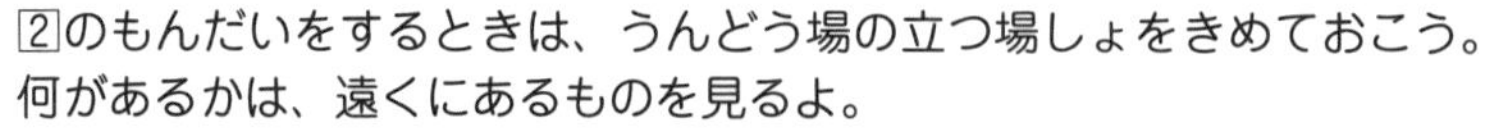

2のもんだいをするときは、うんどう場の立つ場しょをきめておこう。
何があるかは、遠くにあるものを見るよ。

もようを　つくる③

「もようを　つくる④・⑤」で　つかう　おり紙(がみ)を　おりましょう。

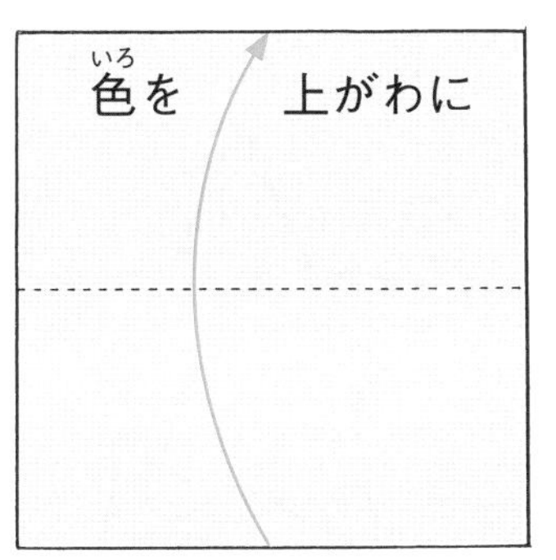

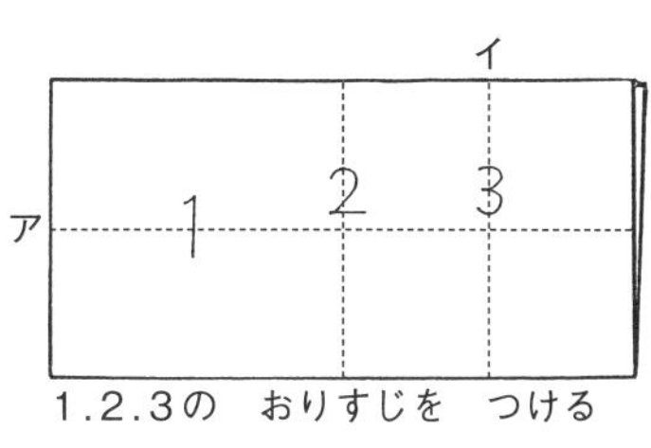

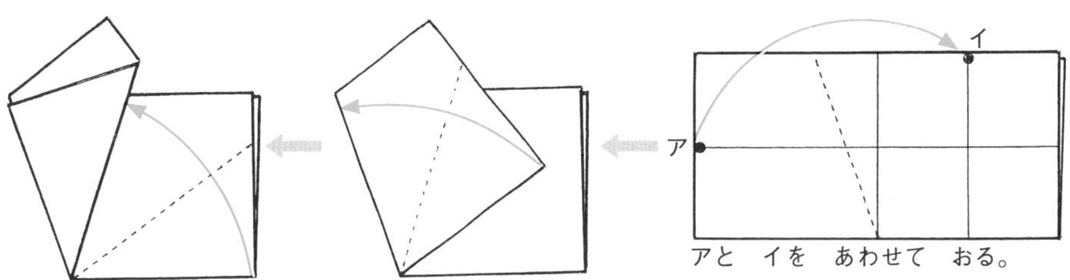

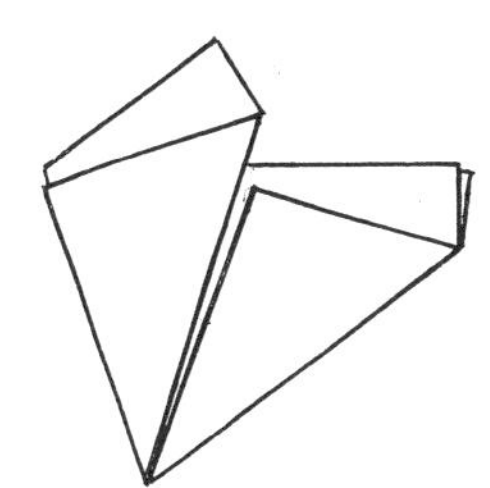

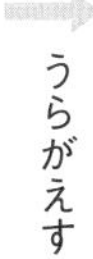

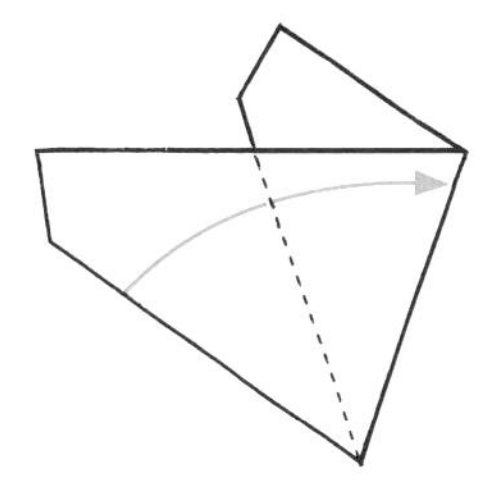

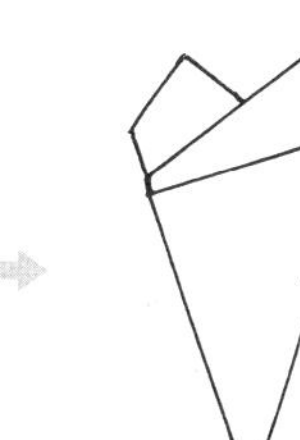

できあがり！

図のとおりにできたかな？　5回おるとできあがるので、「5回おり」というよ。このおり方はしっかりおぼえておこう。

もようを　つくる④

「もようを　つくる③」で　おった　紙(かみ)に　線(せん)を　かいて　切(き)ります。①～③は　広(ひろ)げると　どのような　形(かたち)に　なりますか。線で　むすびましょう。

①
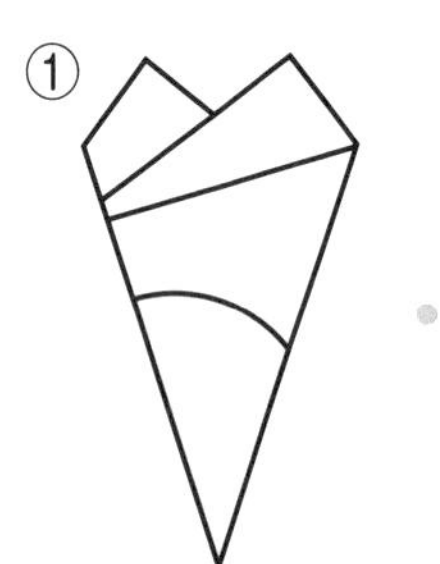

㋐

②
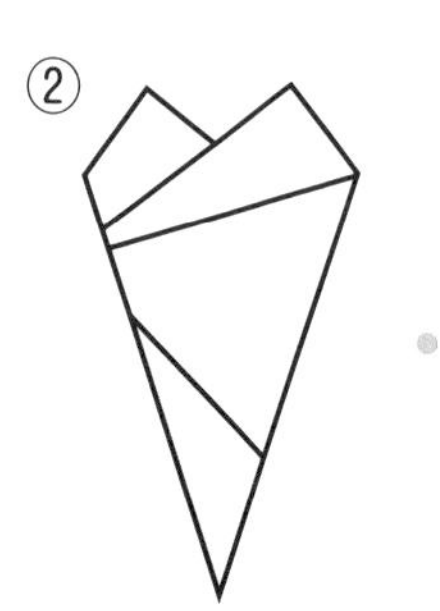

㋑

③
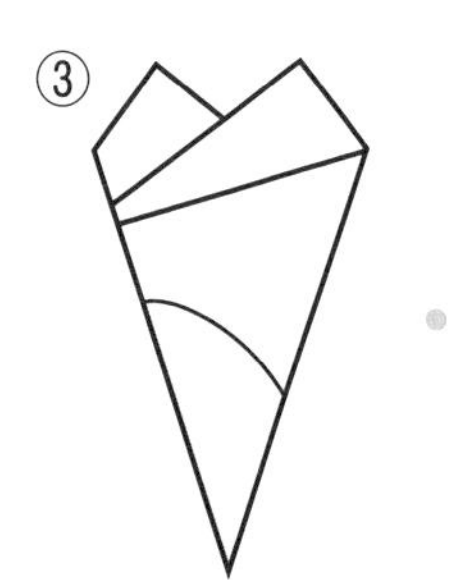

㋒

㋐は星の形、㋑はウメの花の形ににているね。㋒は何の形にみえるかな？　ほかにも自ゆうに線をかいて、切ってみよう。

もようを　つくる⑤

「もようを　つくる③」で　おった　紙に　線を　かいて　切ります。①〜③は　広げると　どのような　形に　なりますか。線で　むすびましょう。

①

㋐

②

㋑

③
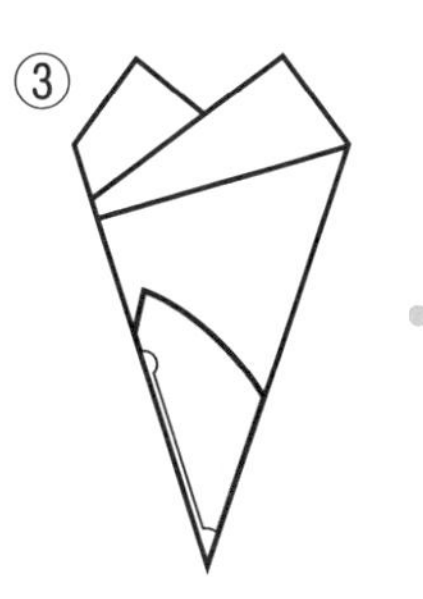

㋒

㋐と㋒は中心が切りぬかれているね。どこを切ったらいいのかな？

32

へそひこうき

月　日
できた数
もん／1もん

長方形(ちょうほうけい)の　紙(かみ)で　へその　ついた　ひこうきを　おりましょう。

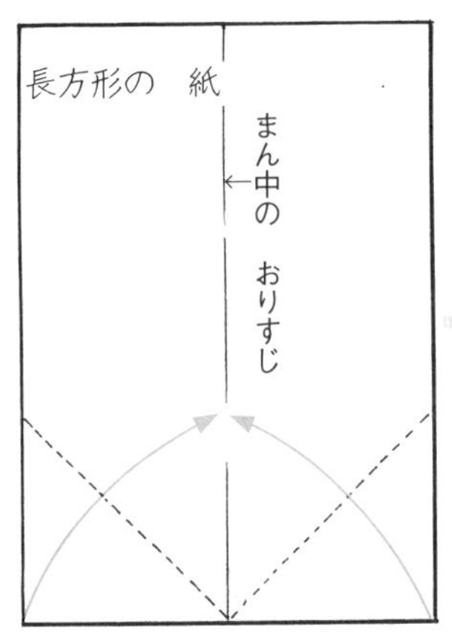

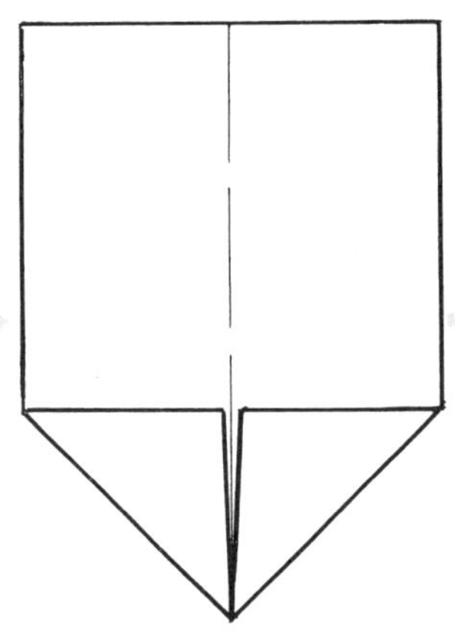

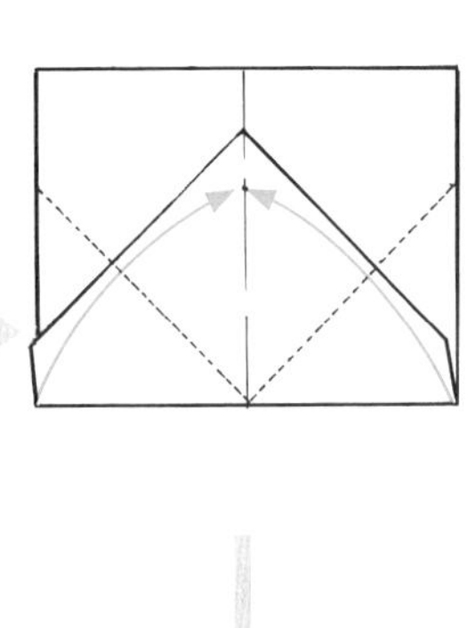

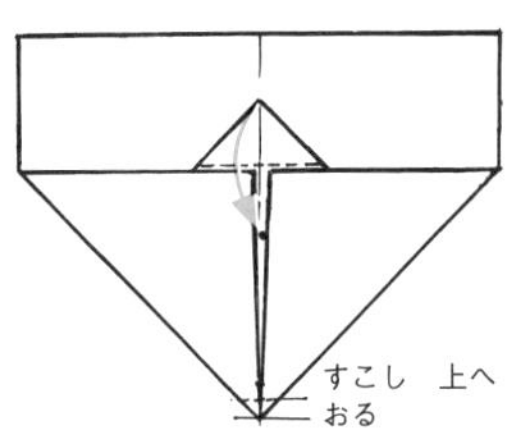

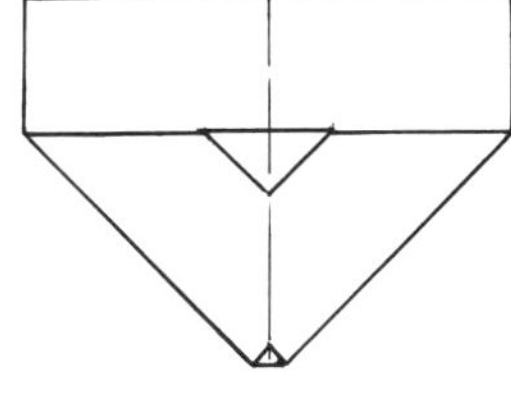

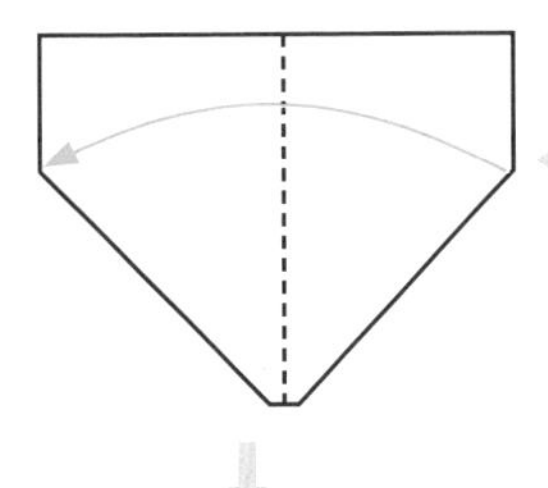

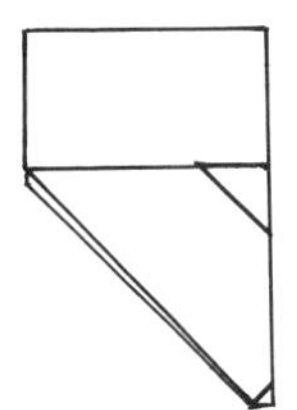

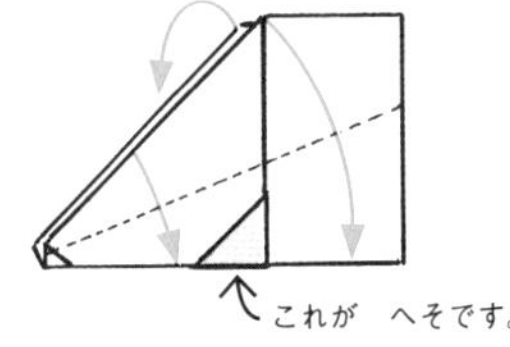

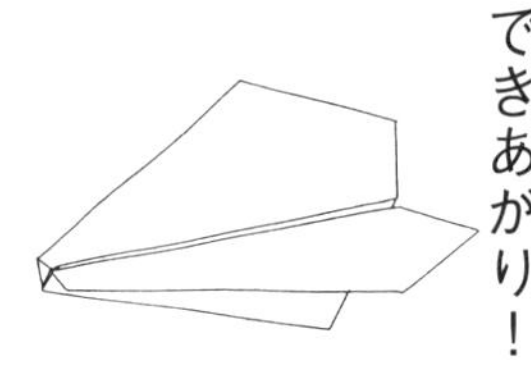

どんな形のはねがよくとぶのかな？ はねの形を少しずつかえて、とばしてみよう。紙ひこうきを前から見て、はねを少し上げるとまっすぐとぶよ。

かん字の　読み ①

月　日
できた数　もん　/15もん

つぎの　かん字の　読みがなを　書きましょう。

① 金曜（　）
② 寺社（　）
③ 夜明け（　）
④ 東北（　）
⑤ 新米（　）
⑥ 強力（　）
⑦ 魚肉（　）
⑧ 元首（　）
⑨ 多少（　）
⑩ 台地（　）
⑪ 昼食（　）
⑫ 直後（　）
⑬ 公園（　）
⑭ 通行（　）
⑮ 汽車（　）

２年生のかん字の二字じゅく語だよ。この二字じゅく語をつかって、たん文をつくってみよう。

かん字の　読み ②

月　日

できた 数
もん /15もん

つぎの　かん字の　読みがなを　書きましょう。

① 近日

② 茶色

③ 電池

④ 当時

⑤ 牛馬

⑥ 春分

⑦ 国道

⑧ 歌声

⑨ 父母

⑩ 高原

⑪ 図書

⑫ 計画

⑬ 作家

⑭ 岩場

⑮ 丸太

「当時」はむずかしいことばだね。「そのとき」「あのころ」のことで、「父は学生当時のことをよく話す。」のようにつかうよ。

かん字の　読み ③

月　日
できた数
もん　/15もん

つぎの　かん字の　読み(よ)がなを　書(か)きましょう。

① 野外（　　）
② 細工（　　）
③ 兄弟（　　）
④ 西南（　　）
⑤ 夏山（　　）
⑥ 毎回（　　）
⑦ 教科（　　）
⑧ 弓矢（　　）
⑨ 午前（　　）
⑩ 店内（　　）
⑪ 親友（　　）
⑫ 売買（　　）
⑬ 上京（　　）
⑭ 遠近（　　）
⑮ 来週（　　）

「上京」は、みやこに行くこと、東京に行くことだよ。

かん字の　読み ④

月　日
できた 数　もん／15もん

つぎの　かん字の　読みがなを　書きましょう。

① 姉と妹
② 新聞
③ 毛糸
④ 正答
⑤ 時間
⑥ 絵画
⑦ 大海
⑧ 何人
⑨ 交通
⑩ 園長
⑪ 新雪
⑫ 晴天
⑬ 鳴らす
⑭ 麦わら
⑮ 鳥の羽

兄弟はきょうだいだね。じゃあ姉と妹は何と読むのかな？
姉妹でしまいと読むんだよ。この読み方は中学校でならうよ。

かん字の　書き ①

月　日

できた 数　もん /15もん

つぎの　かん字を　書(か)きましょう。

① いんか

② おんがく

③ さんすう

④ げんご

⑤ げんき

⑥ しこう

⑦ ふゆどり

⑧ しんり

⑨ ゆきぐも

⑩ たにがわ

⑪ かいわ

⑫ ばんぐみ

⑬ ふるでら

⑭ かつよう

⑮ じりき

「引火（いんか）」は、紙のようにもえやすいものに、ほかの火がうつってもえ出すことだよ。

6 かん字の　書き ②

月　日

できた数　もん／15もん

つぎの　かん字を　書(か)きましょう。

① にっ　き

② ほし　ぞら

③ かた　み

④ まる　がお

⑤ ひろ　ば

⑥ てん　さい

⑦ にっ　こう

⑧ き　いろ

⑨ ごう　どう

⑩ そう　ちょう

⑪ どく　しょ

⑫ こう　もん

⑬ ぼく　とう

⑭ ち　じん

⑮ りき　そう

「木刀（ぼくとう）」は、木をけずって刀のような形にしたものだよ。
「木」はボクとも読むんだね。

かん字の　書き ③

月　日
できた 数
もん /15もん

つぎの　かん字を　書きましょう。

① まん いち

② ほ こう

③ ちゅう し

④ あま ど

⑤ こん しゅう

⑥ あき かぜ

⑦ たい りょく

⑧ きっ て

⑨ ほう がく

⑩ はん ぶん

⑪ きょう とう

⑫ にち よう

⑬ でん わ

⑭ よ なか

⑮ はく まい

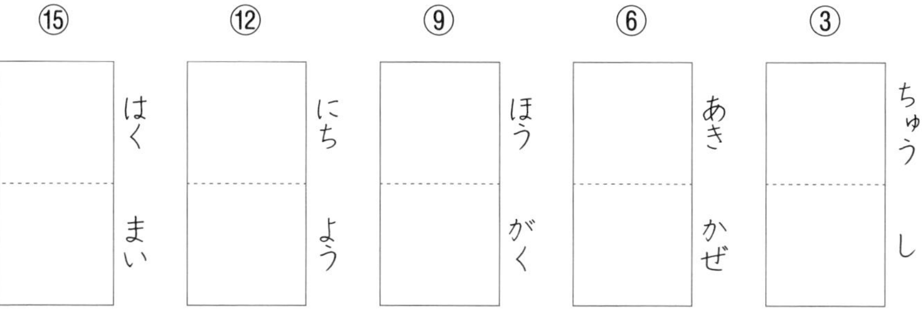

「万一（まんいち）」は、めったにないこと、といういみ。「白米（はくまい）」は、もみがらをとったげん米をついて白くした米のことだよ。

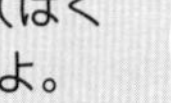

8 かん字の　書き④

月　日

できた数　もん／15もん

つぎの　かん字を　書き(か)ましょう。

① しき　し

② いち　ば

③ ゆき　やま

④ ぎゅう　にく

⑤ ず　こう

⑥ き　せん

⑦ ちち　おや

⑧ さと　おや

⑨ きょう　じゃく

⑩ くろ　じ

⑪ えん　そく

⑫ てん　せん

⑬ しつ　ない

⑭ き　こく

⑮ こう　つう

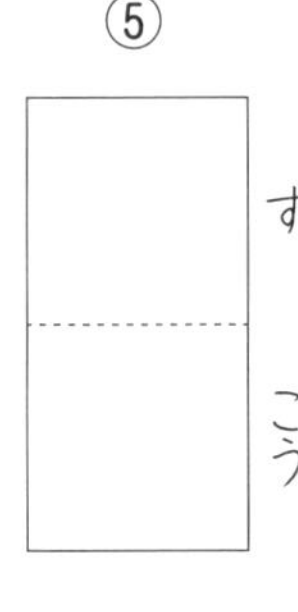
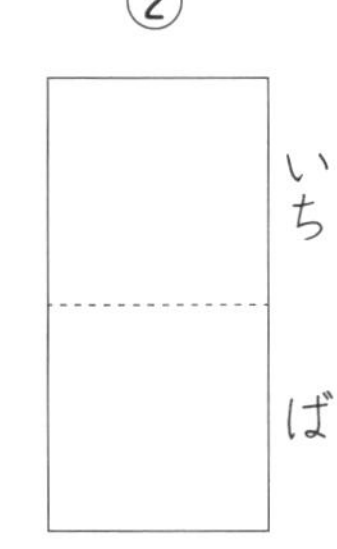
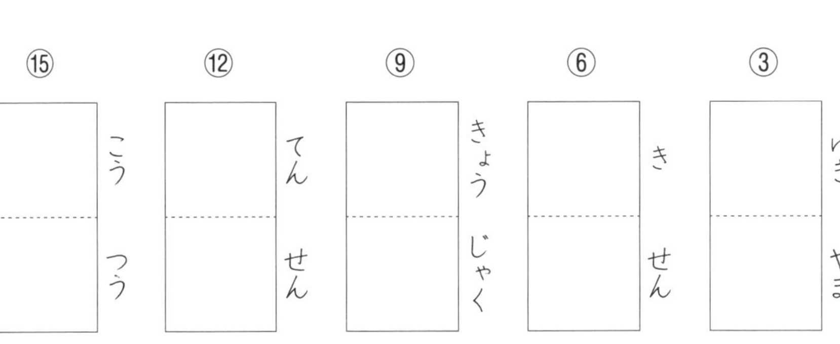

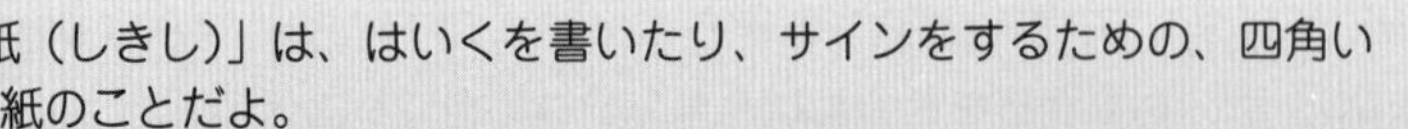

「色紙（しきし）」は、はいくを書いたり、サインをするための、四角いあつ紙のことだよ。

9 音を　あらわす　ことば ①

月　日
できた数　もん／5もん

（　）に　あう　ことばを　[　]から　えらんで　書きましょう。

① 戸を（　　　）と　たたく。

② カエルが（　　　）と　鳴く。

③ ゆびを（　　　）と　鳴らす。

④ たいこを（　　　）と　たたく。

⑤ アヒルが（　　　）と　鳴く。

ケロケロ　コンコン　ガーガー　ドーン　ポキポキ

「トントンとたたく」も「トントンたたく」も同じだよ。ほかの文も「と」をとって読んでみよう。

10 音を　あらわす　ことば②

月　日
できた数
もん／5もん

（　　）に　あう　ことばを　□　から　えらんで　書き(か)ましょう。

① いすが（　　　）と　たおれた。

② 水に（　　　）と　おちた。

③ ヤギが（　　　）と　鳴く(な)。

④ （　　　）と　うがいを　する。

⑤ （　　　）と　かねが　鳴る。

ガラガラ　メーメー　ガタン　ゴーン　ポチャン

音や鳴き声は、かたかなで書くんだね。こういうことばを「ぎおん語」というよ。

11 ようすを　あらわす　ことば①

月　日
できた数　もん／5もん

（　）に　あう　ことばを　[　]から　えらんで　書きましょう。

① 小川が（　　　）ながれる。

② メダカが（　　　）およぐ。

③ 雨が（　　　）ふる。

④ 麦茶を（　　　）のむ。

⑤ きず口が（　　　）する。

すいすい　さらさら　ひりひり　ごくごく　しとしと

うごきやようすをあらわすことばは、ひらがなで書くんだね。

12 ようすを　あらわす　ことば②

月　日
できた数　もん／5もん

（　）に　あう　ことばを［　］から　えらんで　書きましょう。

① 雪が（　　）つもってきた。

② つい（　　）してしまう。

③ 紙が（　　）もえ上がる。

④ 春風が（　　）と　ふく。

⑤ 丸太を（　　）もち上げる。

うとうと　めらめら　どんどん　らくらく　そよそよ

うごきやようすをあらわすことばを「ぎたい語」というよ。

あわせことば①

月　日

できた数　もん／5もん

あわせことばを　つくりましょう。

① ちゃ＋いろ → ちゃいろ

② め＋くすり →

③ もち＋こめ →

④ すな＋はま →

⑤ かぜ＋くるま →

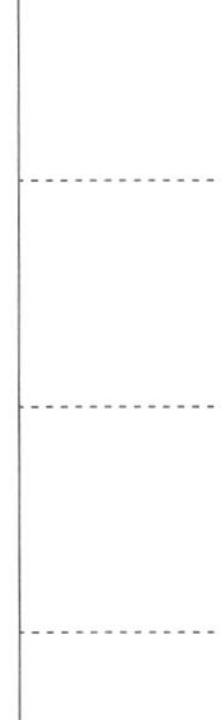

「あお○○」や「○○かぜ」を考えてみよう。あおぞら、そよかぜというように考えるよ。

14

あわせことば ②

月　日

できた数　もん／5もん

あわせことばを　二つの　もとの　ことばに　分(わ)けましょう。

① けむし → けむし → け＋むし

② はなぢ → ＋

③ わらぐつ → ＋

④ くちぶえ → ＋

⑤ かみぶくろ → ＋

1つのことばを2つに分けよう。あさひ→あさ＋ひ　のように、2つがあわさったことばなら分けられるよ。

15 文の 形①

月 日

できた数 もん／5もん

つぎの 文は 文の 形（かたち）が、㋐（なには、どうする）、㋑（なには、どんなだ）、㋒（なには、なんだ）の どれですか。記（き）ごうで 答（こた）えましょう。

① 車が 走（はし）る。

② 姉（あね）は、小学四年生です。

③ 赤ちゃんは、かわいい。

④ 風（かぜ）が、ふいてきた。

⑤ ライオンは、どうぶつだ。

「車がうごく」のように、「は」や「が」のついたことばはのこして、下のことばをかえてみよう。

16 文の 形②

月　日

できた数　もん／5もん

つぎの 文は 文の 形が、㋐（なには、どうする）、㋑（なには、どんなだ）、㋒（なには、なんだ）の どれですか。記ごうで 答えましょう。

① 雪は、つめたい。

② 牛が 草を 食べている。

③ ぞうの 耳は 大きい。

④ 父は、学校の 先生です。

⑤ 兄は なわとびを とびます。

「～が」「～は」につづくことばを考えよう。「らくだが、ゆっくり歩く」「春は、日ざしがやわらかい」

17 かなづかい ①

月　日

できた数　もん／2もん

文の□に あてはまる ことばを □から えらんで、書(か)きましょう。

① ももたろう□、犬・さる・きじ□
つれ、□にがしま□出かけた。

② わたし□、□じいさんに
「こんにち□。」
と、あいさつ□しました。

へ　を　を　お　お　は　は　は

「〜は」と書くけど、読むときは「〜ワ」だね。
「〜へ」と書くけど、読むときは「〜エ」だよ。

18 かなづかい ②

月　日
できた数 もん／2もん

文の□に あてはまる ことばを □から えらんで、書き(か)ましょう。

① □なかの ちょうし□、わるいので、□いしゃさん□行(い)く。

② おね□さん□、□つかいで、えきま□の スーパー□行き ました。

へ へ え え お お お が は

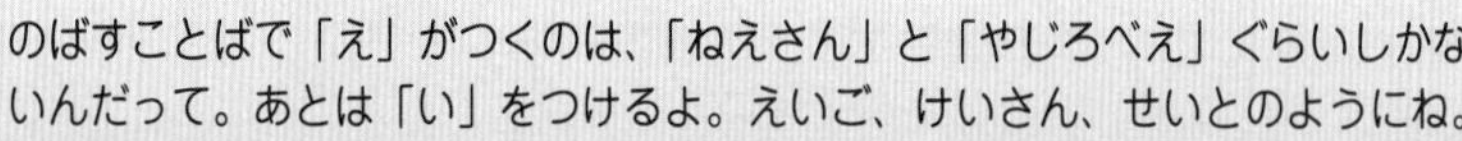
のばすことばで「え」がつくのは、「ねえさん」と「やじろべえ」ぐらいしかないんだって。あとは「い」をつけるよ。えいご、けいさん、せいとのようにね。

19 かなづかい ③

月　日

できた数　もん／8もん

つぎの　ことばで、正しい　方に　○を　つけましょう。

① {ぢ・じ}しん

② {ぢ・じ}かん

③ はな{ぢ・じ}

④ かん{ぢ・じ}

⑤ {ぢ・じ}しゃく

⑥ {ぢ・じ}めん

⑦ め{ぢ・じ}り

⑧ ち{ぢ・じ}む

「じ」と「ぢ」のつかい分けだよ。
「ぢ」はことばのさいしょには、こないよ。

かなづかい ④

月　日

できた数　もん／8もん

つぎの　ことばで、正しい　方(ほう)に　○を　つけましょう。

①
すう{ぢ　じ}

②
まん{ぢ　じ}ゅう

③
わる{ぢ　じ}え

④
ちか{ぢ　じ}か

⑤
ゆのみ{ぢ　じ}ゃわん

⑥
み{ぢ　じ}かな人

⑦
まつり{ぢ　じ}ょうちん

⑧
のど{ぢ　じ}まん

「ぢ」は、「ち」がにごった「はなぢ」や２回くりかえしの「ちかぢか」のときにつかうよ。

かなづかい ⑤

月　日

できた数　もん／8もん

つぎの　ことばで、正しい　方に　○を　つけましょう。

① みか｛ず・づ｝き

② にん｛ず・づ｝う

③ かな｛ず・づ｝ち

④ うで｛ず・づ｝もう

⑤ ｛ず・づ｝がこうさく

⑥ つ｛ず・づ｝き

⑦ ち｛ず・づ｝ちょう

⑧ いのち｛ず・づ｝な

「ず」と「づ」のつかい分けだよ。
「づ」はことばのさいしょには、こないよ。

かなづかい ⑥

月　日

できた数　もん／8もん

つぎの ことばで、正しい 方(ほう)に ○を つけましょう。

① あか{づ・ず}きん

② かん{づ・ず}め

③ {づ・ず}つう

④ だい{づ・ず}

⑤ て{づ・ず}くり

⑥ ぼう{づ・ず}あたま

⑦ せんば{づ・ず}る

⑧ {づ・ず}る休み

「づ」は、「つ」がにごった「せんばづる」や、２回くりかえしの「つづき」のときにつかうよ。

かん字の　しりとり ①

月　日

できた数　もん／5もん

かん字の　しりとりを　しましょう。

① 読書（どく しょ）→ □道（しょ どう）→ □草（みち くさ）

② 青春（せい しゅん）→ □風（はる かぜ）→ □雨（ふう う）

③ 原野（げん や）→ □鳥（や ちょう）→ □肉（とり にく）

④ 高台（たか だい）→ □風（たい ふう）→ □雪（ふう せつ）

⑤ 絵本（え ほん）→ □音（ほん ね）→ □色（ね いろ）

しりとりかん字は、むずかしくないよ。かん字の読みが、かわる場合に気をつけよう。

かん字の　しりとり ②

月　日

できた数　もん／5もん

かん字の　しりとりを　しましょう。

① 母（はは）□（おや）→ 親（しん）切（せつ）→ □（きっ）手（て）

② 肉（にく）□（たい）→ 体（たい）外（がい）→ □（がい）出（しゅつ）

③ 正（しょう）直（じき）→ □（ちょく）通（つう）→ □（つう）行（こう）

④ 心（しん）中（ちゅう）→ □（ちゅう）学（がく）→ □（がく）生（せい）

⑤ 母（ぼ）国（こく）→ □（こっ）家（か）→ □（か）計（けい）

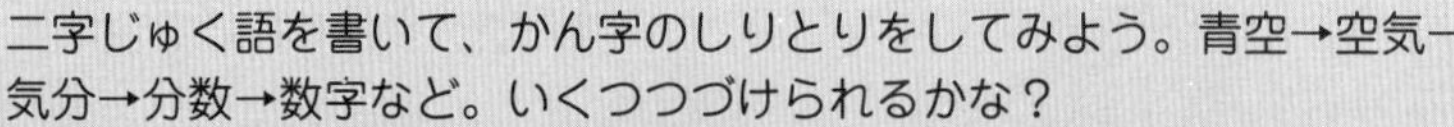
二字じゅく語を書いて、かん字のしりとりをしてみよう。青空→空気→気分→分数→数字など。いくつつづけられるかな？

かん字の　しりとり ③

月　日

できた数　もん ／5もん

かん字の　しりとりを　しましょう。

① 場（ば）□（あい）→ 合（ごう）□（どう）→ 同（どう）□（おん）

② 形（かた）□（み）→ 見（けん）□（とう）→ 当（とう）□（じ）

③ 大（たい）□（こく）→ 国（こく）□（がい）→ 外（がい）□（らい）

④ 今（こん）□（や）→ 夜（や）□（はん）→ 半（はん）□（げつ）

⑤ 風（ふう）□（せん）→ 船（ふな）□（で）→ 出（しゅつ）馬（ば）

「半月」は半分の大きさの月のことだよ。見たことがあるかな？

かん字の　しりとり ④

月　日

できた 数　もん ／5 もん

かん字の　しりとりを　しましょう。

①
強大（きょう だい）→ □名（だい みょう）→ □門（めい もん）

②
家□（いえ もと）→ 元気（げん き）→ □分（き ぶん）

③
台□（だい ち）→ 地方（ち ほう）→ □言（ほう げん）

④
空□（くう はく）→ 白□（はく ちゅう）→ 昼□（ちゅう や）

⑤
汽船（き せん）→ □長（せん ちょう）→ □雨（なが あめ）

「白昼」はまひる、日中（ひなか）のことだよ。「名門」はりっぱでゆう名な学校や家のこと。「野きゅうの名門校」のようにつかうよ。

27 ことばの　いみ①

月　日　できた数　もん／5もん

ことばの　いみを　㋐〜㋔から　えらんで、□に　書きましょう。

①　道草（みちくさ）□

②　青春（せいしゅん）□

③　原野（げんや）□

④　雪女（ゆきおんな）□

⑤　本音（ほんね）□

㋐　まだ　たがやしていない　野原。

㋑　雪の　夜に、白い　きものを　きて　あらわれるという　雪の　せい。

㋒　わかくて　元気の　いい　とき。人生の　春に　たとえられる。

㋓　道ばたに　はえている　草。まっすぐに　帰らず　より道を　する　こと。

㋔　本当の　心。本心から　出た　ことば。

「雪」が上につくことばは小学生用のじしょでも15こほどもあるよ。いくつ知っているかな？　雪下ろし、雪がっせん、雪国など。

ことばの　いみ②

月　　日
できた数　もん／5もん

ことばの　いみを　㋐〜㋔から　えらんで、□に　書(か)きましょう。

① 手話(しゅわ) □

② 出頭(しゅっとう) □

③ 直通(ちょくつう) □

④ 心中(しんちゅう) □

⑤ 母国(ぼこく) □

㋐	㋑	㋒	㋓	㋔
やくしょなどに　よびだされて　行(い)く　こと。	自分(じぶん)の　生まれそだった　国(くに)。	心(こころ)の　中。（「しんじゅう」と　読(よ)むと　べつの　いみに　なる。）	目で　見て　わかるように、手を　うごかして　する　会話(かいわ)。	電車(でんしゃ)や　電話(でんわ)が、のりかえや　中つぎなしに、じかに　通(つう)じる　こと。

「直通」の「直」はじかに、すぐにのいみだよ。直通電話、直通電車ということばを聞いたことがあるかな？

29 ことばの　いみ ③

月　日
できた数　　もん／5もん

ことばの　いみを　㋐～㋔から　えらんで、□に　書き(か)ましょう。

① 同音(どうおん) □
② 見当(けんとう) □
③ 外来(がいらい) □
④ 夜半(やはん) □
⑤ 出馬(しゅつば) □

㋐ その　ばめんに　のり出す　こと。せんきょに　りっこうほする　こと。

㋑ びょういんに　ちりょうを　うけに　通(かよ)う　こと。外国(がいこく)から　来(く)る　こと。

㋒ ま夜中(よなか)。

㋓ ねらい。みこみ。だいたいの　方(ほう)こう。

㋔ 同(おな)じ　音声(おんせい)。かん字の　読(よ)み方(かた)が　同じ　こと。

交友と校友、国家と国歌、国会と黒海など、同じ音だけど、いみがちがうことばを、「同音いぎ語」というよ。

30 ことばの　いみ ④

月　日

できた数　もん／5もん

ことばの　いみを　㋐〜㋔から　えらんで、□に　書(か)きましょう。

① 強(きょう)大(だい) □

② 家(いえ)元(もと) □

③ 台(だい)地(ち) □

④ 方(ほう)言(げん) □

⑤ 空(くう)白(はく) □

㋐ まわりより　少(すこ)し　高(たか)い　たいらな　土(と)地(ち)。

㋑ ある　地(ち)方(ほう)でだけ　つかわれて　いる　ことば。

㋒ 強(つよ)く　大きい　ようす。

㋓ 何(なに)も　ない　こと。紙(かみ)などの　字や　絵(え)を　書いて　いない　ところ。

㋔ おどり・生(い)け花などの　げいごとの　中(ちゅう)心(しん)と　なる　家(いえ)すじ。

①〜⑤の二字じゅく語の字を１つとって、べつの二字じゅく語をつくってみよう。大学、元気、台風など。

31 じゅく語づくり ①

月　日　できた数　もん／4もん

矢じるしの　むきに　二字の　じゅく語が　できます。□に　入る　かん字を　□から　えらんで　書きましょう。

①
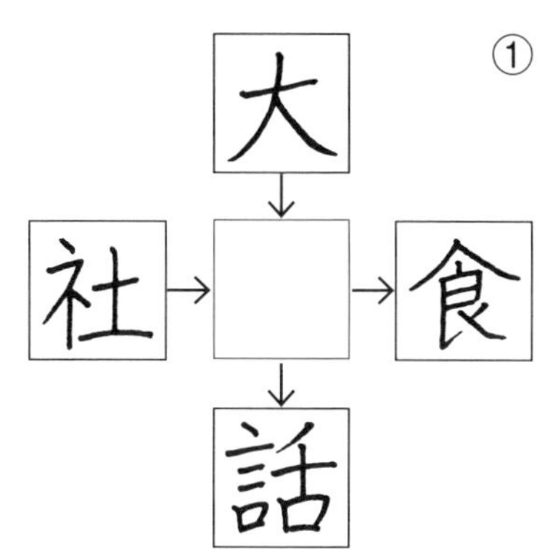

②
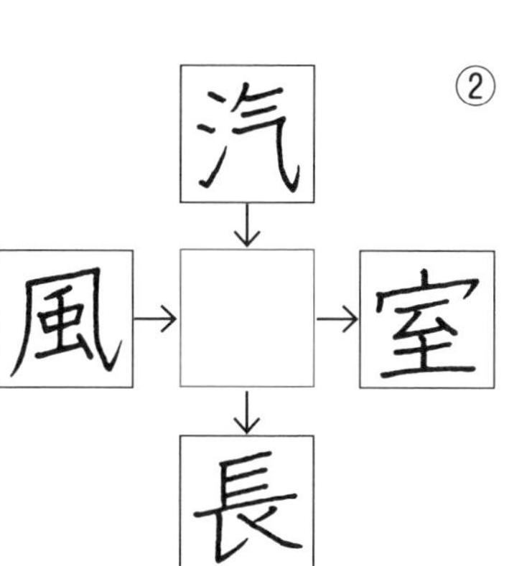

③
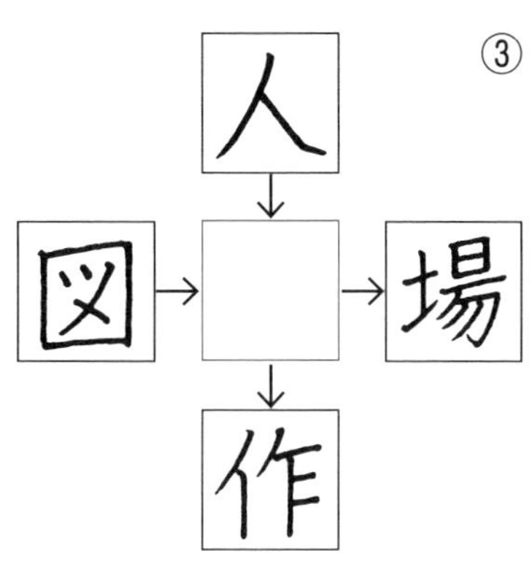

④
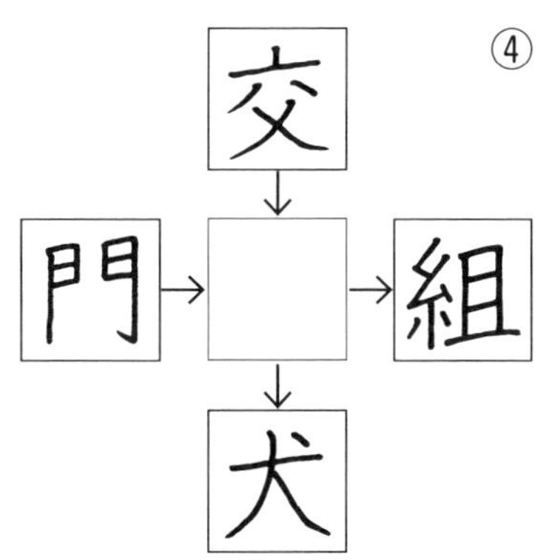

会　船　工　番

1字ずつあてはめて、じゅく語になるものをさがすといいよ。
矢じるしのむきに読めるかな？

32 じゅく語づくり②

月　日
できた数　もん／4もん

矢じるしの　むきに　二字の　じゅく語が　できます。□に　入る　かん字を　□から　えらんで　書きましょう。

①
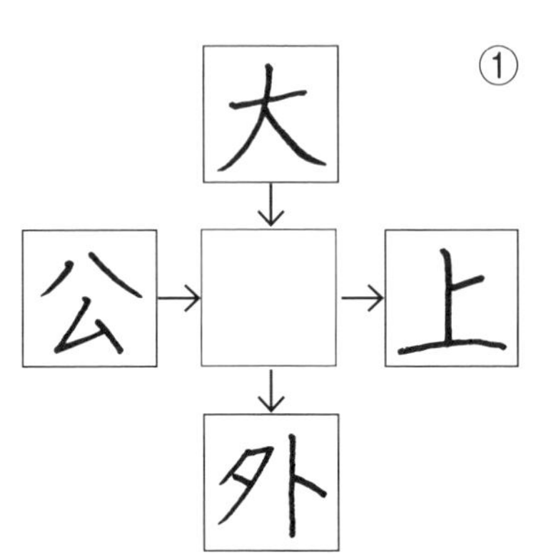

②
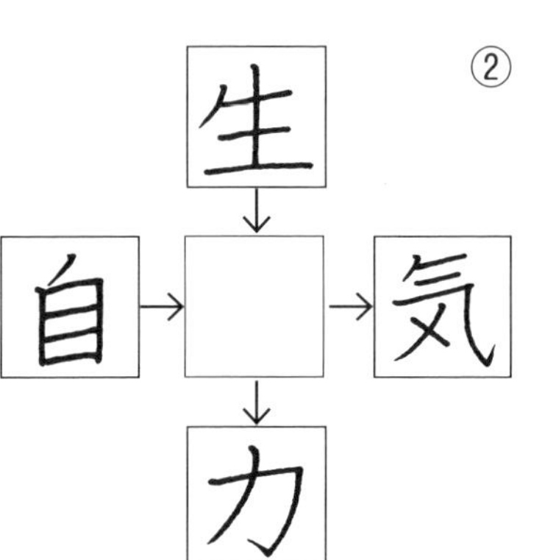

③
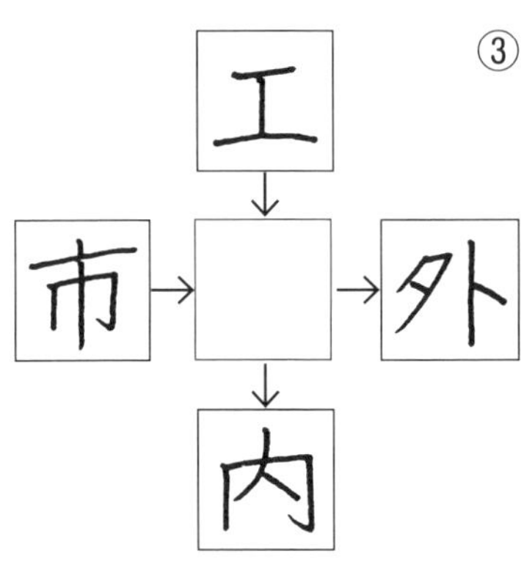

④
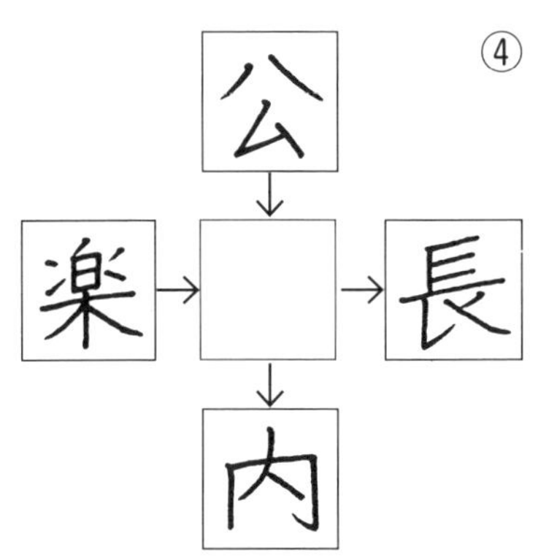

海　活　場　園

1年と2年のかん字をつかって、上のもんだいのような、クロスのじゅく語をつくってみよう。

じゅく語づくり③

月　日
できた数
もん／4もん

矢じるしの　むきに　二字の　じゅく語が　できます。□に　入る　かん字を　□から　えらんで　書きましょう。

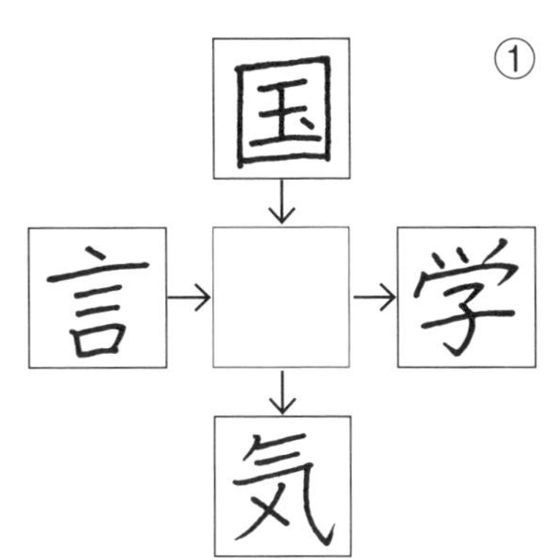

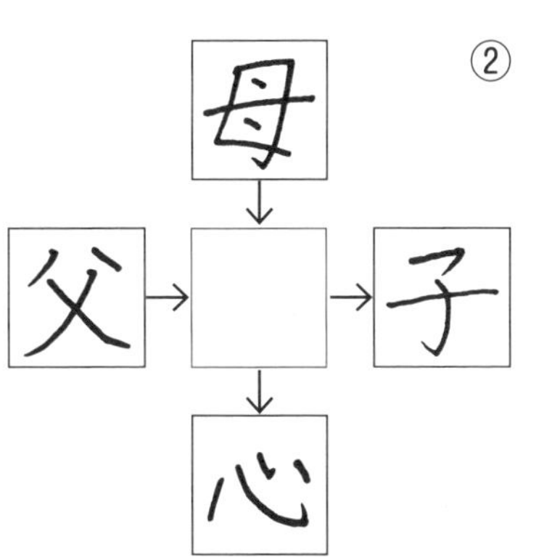

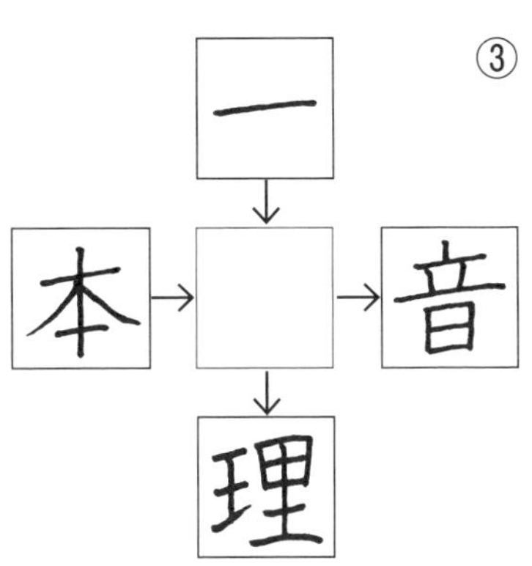

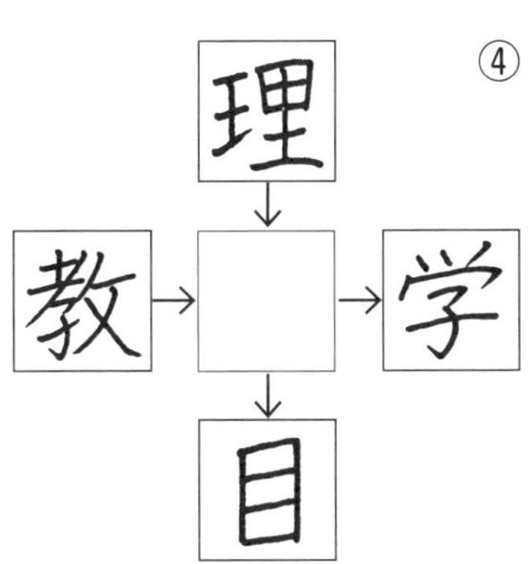

語　科　心　親

1年と2年のかん字をつかって、上のもんだいのような　クロスのじゅく語をつくってみよう。いくつできるかな？

34 じゅく語づくり ④

矢じるしのむきに二字のじゅく語ができます。□に入るかん字を□からえらんで書きましょう。

①

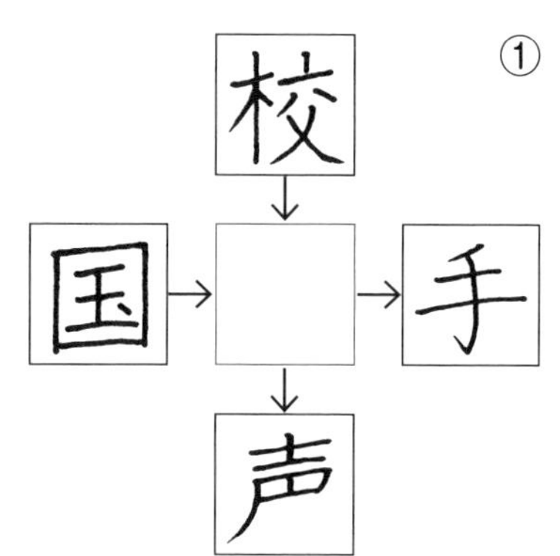

②

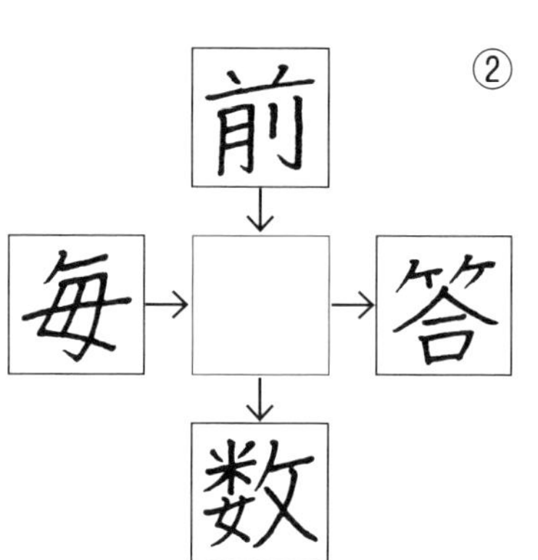

③

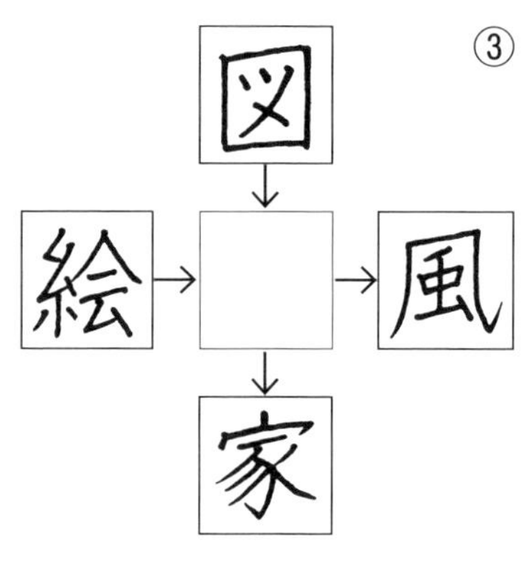

④

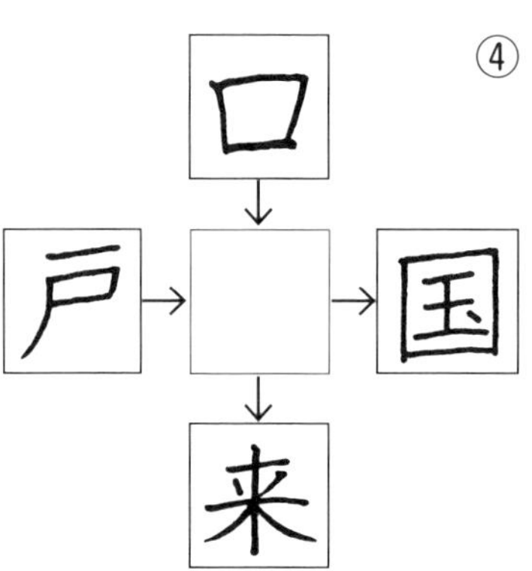

回　外　画　歌

声とくれば歌でしょう。矢じるしのむきに読めるかな？

35 文の　読み ①

月　日　できた数　もん／4もん

つぎの　文を　読んで　モンシロチョウについて　答えましょう。

モンシロチョウ

モンシロチョウは　キャベツの　はの　うらに　たまごを　うみます。

たまごは　小さく　一ミリメートルぐらいです。

たまごから　かえった　よう虫の　色は　黄色です。キャベツの　はを　食べて、体は　みどり色に　なります。

なんどか　かわを　ぬいで　大きく　なり、やがて　さなぎに　なります。

さなぎの　せなかが　われ、中から　せい虫が　あらわれます。

① たまごを　どこに　うみますか。

（　　　　　）の　はの　うら。

② たまごの　大きさは　どのくらいですか。

（　　　　　）くらい

③ たまごから　かえった　よう虫の　色は　何色ですか。

（　　　　　）

④ キャベツの　はを　食べて　体は　何色に　なりますか。

（　　　　　）

先にもんだいを読んでから、モンシロチョウの文を読んでみてもいいね。

36 文の　読み ②

月　日

できた 数

もん ／2 もん

つぎの　文を　読んで　答えましょう。

雪あそび

夕方から　ふり出した　雪
まっ白で　つめたい　雪
ふわふわと　まいおりる　雪
まるで　わたがしのようだ

しんしんと　ふりつもる　雪
あすは　何して　あそぼうか
そりで　さかを　すべろうか
雪だるまを　つくろうか
雪がっせんも　楽しそう

① ふわふわと　まいおりる　雪の　すがたは　何に　にて　いると　いって　いますか。

（　　　　）のようだ。

② あすは　何を　して　あそぼうと　思って　いますか。

（　　　　）で　すべる　こと。

（　　　　）を　つくる　こと。

（　　　　）を　する　こと。

雪あそびの文を読んで、文の中から答えをさがすよ。

算　数

1　時間と　時こく ①

① 6時　② 8時　③ 60分
④ 1分間　⑤ 5目もり

2　時間と　時こく ②

① ㋐ 午前8時15分
　㋑ 午後3時45分
② ㋐ 午前8時35分
　㋑ 午後4時5分
③ ㋐ 午前8時5分
　㋑ 午後3時35分

3　たし算（ひっ算）①

1 57＋63＝120　答え　120こ
2 64＋38＝102　答え　102本

4　たし算（ひっ算）②

① 91　② 102　③ 174
④ 154　⑤ 103　⑥ 62
⑦ 105　⑧ 84

5　ひき算（ひっ算）①

1 144－85＝59　答え　59本
2 100－42＝58　答え　58こ

6　ひき算（ひっ算）②

① 86　② 47
③ 98　④ 65
⑤ 75　⑥ 86

7　1000までの　数 ①

① 354　② 350　③ 304
④ 354　⑤ 354　⑥ 692
⑦ 360

8　1000までの　数 ②

1 ① >　② >
③ <　④ <
⑤ >　⑥ <
2 ① 700　② 300
③ 1000　④ 990

9　水の　かさ ①

1 10－2＝8　答え　8dL
2 10－2－2＝6　答え　6dL
3 7－2－2＝3　答え　3L

10　水の　かさ ②

1 500＋500＋500＋500＝2000
答え　2000mL
2 ① 1800mL　② 4800mL
③ 2300mL　④ 7L
⑤ 1L

11　たし算と　ひき算 ①

1 ①
9
5　4

②
130
65　65

2 ①
はじめ 24まい
つかった？まい　のこり 16まい

② 24－16＝8　答え　8まい

⑫ たし算と　ひき算 ②

[1]

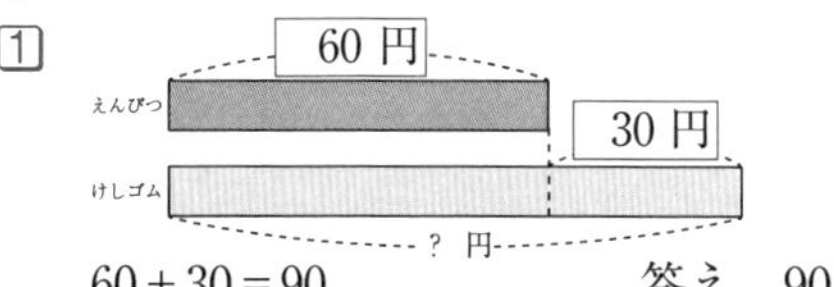

60＋30＝90　　答え　90円

[2]

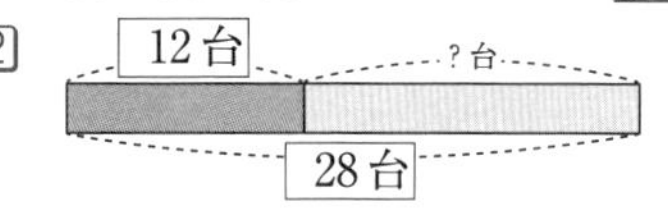

28－12＝16　　答え　16台

⑬ 大きい数の　計算 ①

① 143　② 181
③ 103　④ 103
⑤ 607　⑥ 814
⑦ 492　⑧ 560

⑭ 大きい数の　計算 ②

① 74　② 67
③ 56　④ 68
⑤ 550　⑥ 786
⑦ 248　⑧ 583

⑮ かけ算 ①

[1] 5 × 2 ＝10　　答え　10こ
[2] 5 × 7 ＝35　　答え　35本
[3] 2 × 6 ＝12　　答え　12こ

⑯ かけ算 ②

[1] 2 × 9 ＝18　　答え　18こ
[2] 5 × 9 ＝45　　答え　45こ
[3] ① 15　② 4　③ 40
　④ 12　⑤ 20　⑥ 14

⑰ かけ算 ③

[1] 3 × 6 ＝18　　答え　18こ
[2] 3 × 5 ＝15　　答え　15人
[3] 4 × 5 ＝20　　答え　20こ

⑱ かけ算 ④

[1] 4 × 8 ＝32　　答え　32こ
[2] 3 × 4 ＝12　　答え　12m
[3] ① 21　② 28　③ 24
　④ 16　⑤ 18　⑥ 12

⑲ かけ算 ⑤

[1] 6 × 6 ＝36　　答え　36本
[2] 6 × 5 ＝30　　答え　30人
[3] 7 × 3 ＝21　　答え　21cm

⑳ かけ算 ⑥

[1] 7 × 3 ＝21　　答え　21日
[2] 6 × 5 ＝30　　答え　30こ
[3] ① 35　② 42　③ 63
　④ 54　⑤ 49　⑥ 56

㉑ かけ算 ⑦

[1] 8 × 4 ＝32　　答え　32人
[2] 9 × 5 ＝45　　答え　45cm
[3] 8 × 7 ＝56　　答え　56こ

㉒ かけ算 ⑧

① 35　② 27　③ 24　④ 63
⑤ 49　⑥ 32　⑦ 42　⑧ 72
⑨ 54　⑩ 21　⑪ 81　⑫ 18
⑬ 16　⑭ 56　⑮ 48　⑯ 30
⑰ 64　⑱ 45

㉓ かけ算 ⑨

[1] 9 × 4 ＝36　　答え　36人
[2] 6 × 6 ＝36　　答え　36人
[3] 7 × 6 ＝42　　答え　42日

24 かけ算 ⑩

①	24	②	28	③	42	④	12
⑤	36	⑥	72	⑦	48	⑧	14
⑨	56	⑩	45	⑪	64	⑫	63
⑬	35	⑭	54	⑮	36	⑯	18
⑰	25	⑱	40				

25 長さ ①

1 7 × 3 ＝21　答え　21cm，210mm

2 6 × 4 ＝24　答え　24cm，240mm

26 長さ ②

1 5 × 5 ＝25　答え　25cm，250mm

2 8 ＋ 3 ＝11　答え　11cm

27 三角形と　四角形

直角三角形　㋓，㋖

長方形　㋑，㋕

正方形　㋐，㋔

28 10000までの　数

1 ① 4000，4001

② 9600，9800，10000

2 4056→3999→3030→2764

3

2000　3000　4000　5000

㋐　㋑　㋒

29 分数 ①

1 しょうりゃく

2 (れい)

①　②　③　④

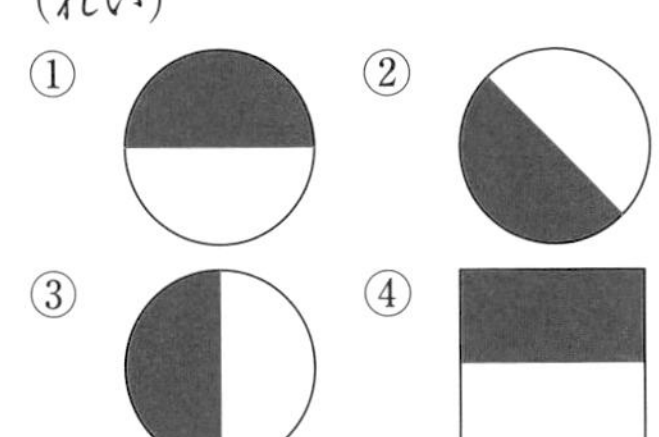

⑤　⑥

30 分数 ②

1 しょうりゃく

2 (れい)

①　②　③　④

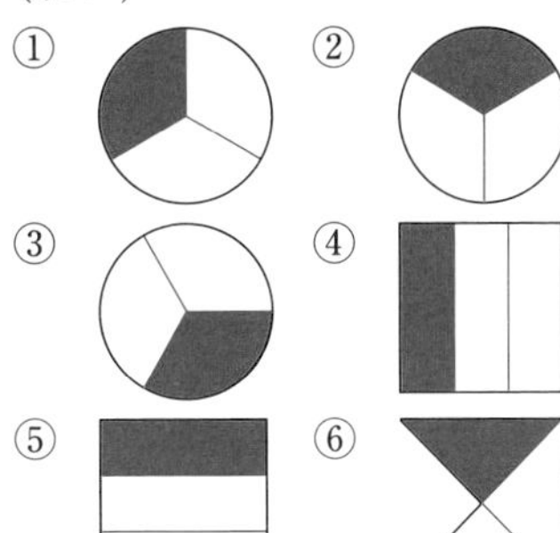

⑤　⑥

31 はこの　形 ①

① ㋒　② ㋕　③ 6こ

32 はこの　形 ②

1 ① 6こ　②

③ 正方形

2 ① 8こ　② 4本ずつ

生　活

1 春を　さがそう

① ○　② ○

③ ○　④ ×

⑤ ×　⑥ ○

②　夏を　さがそう

①　×　②　○
③　○　④　×
⑤　○　⑥　○

③　秋を　さがそう

①　×　②　○
③　○　④　×
⑤　○　⑥　○

④　冬を　さがそう

①　○　②　×
③　×　④　○
⑤　○　⑥　○

⑤　パンを　つくる ①

①　小麦こ　②　パンこうぼ
③　さとう　④　しお
⑤　バター　⑥　水や牛にゅう

⑥　パンを　つくる ②

㋒→㋑→㋐→㋔→㋓→㋕

⑦　まちの　しごと ①

①　㋑　②　㋐
③　㋓　④　㋒

⑧　まちの　しごと ②

①　㋓　②　㋑
③　㋐　④　㋒

⑨　そだてる　しごと ①

①　野さいづくり　②　みかんづくり
③　らくのう　④　ようとん

⑩　そだてる　しごと ②

①　花づくり　②　米づくり
③　茶づくり　④　ようけい

⑪　工場の　しごと ①

①　○　②　○　③　○
④　○　⑤　○　⑥　△
⑦　○　⑧　△　⑨　△

⑫　工場の　しごと ②

①　△　②　○　③　○
④　○　⑤　○　⑥　△
⑦　○　⑧　△　⑨　○

⑬　しごとと　時間 ①

パンをつくる人，じむの人，
はいたつの人，社いん食どうの人
（じゅんばんは、自ゆう）

⑭　しごとと　時間 ②

①　午前９時から　午後５時まで
②　午後10時から　午前５時まで，
　　午前７時から　午後３時まで
③　午前４時から　午前12時まで
④　午前８時から　午後４時まで

⑮　もようを　つくる ①

①　㋐　②　㋑

⑯　もようを　つくる ②

①　㋐　②　㋑

⑰　しごとを　する　車 ①

①　タクシー　②　出前のバイク
③　たくはいの車　④　トラック

18 しごとを　する　車 ②

① キャリーカー　② ゆうびんの車
③ レッカー車　④ タンクローリー

19 たくはいびん ①

1 しょうりゃく
2 (れい) おばあちゃんに，おせいぼを

20 たくはいびん ②

① ㋐　④ ㋒　⑤ ㋑

21 スーパーマーケット ①

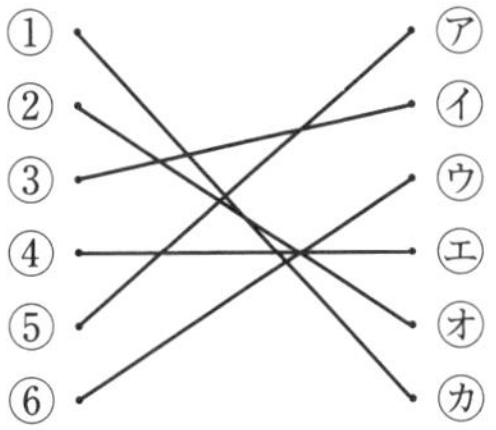

① — ㋕
② — ㋔
③ — ㋑
④ — ㋓
⑤ — ㋐
⑥ — ㋒

22 スーパーマーケット ②

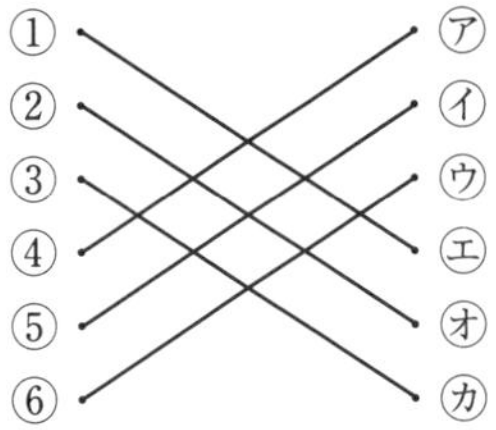

① — ㋓
② — ㋔
③ — ㋕
④ — ㋐
⑤ — ㋑
⑥ — ㋒

23 交通あんぜん ①

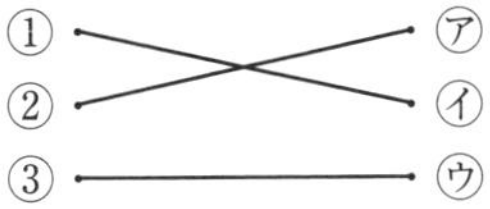

① — ㋑
② — ㋐
③ — ㋒

24 交通あんぜん ②

① — ㋒
② — ㋐
③ — ㋑

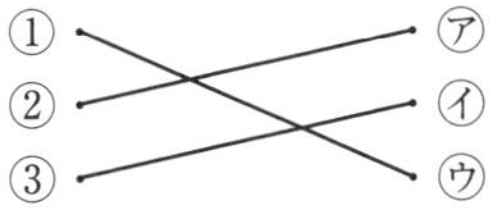

25 場しょ・方こう ①

しょうりゃく

26 場しょ・方こう ②

① ゴリラ　② ペンギン
③ ゾウ　④ ライオン
⑤ イタチ　⑥ サル
⑦ カモシカ　⑧ シカ

27 場しょ・方こう ③

1 ㋐
2 ① ↺　② ↻

28 場しょ・方こう ④

1

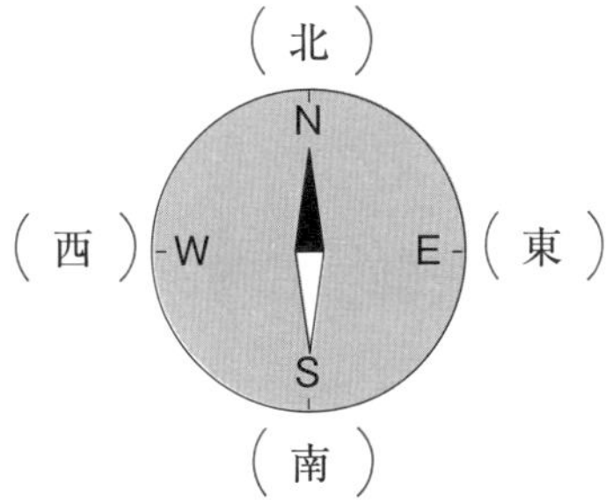

(北)
N
(西) W　E (東)
S
(南)

2 (れい)
東…体いくかん
西…うんてい
南…ジャングルジム
北…校しゃ

29 もようをつくる ③

しょうりゃく

30 もようをつくる ④

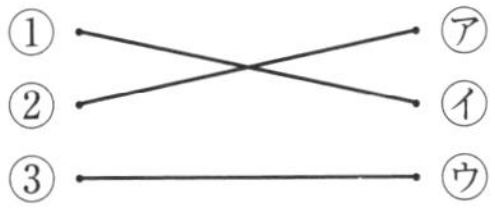

① — ㋑
② — ㋐
③ — ㋒

31 もようをつくる ⑤

① — ㋑
② — ㋐
③ — ㋒

32 へそひこうき

しょうりゃく

国語

1 かん字の 読み ①

① きんよう ② じしゃ
③ よあけ ④ とうほく
⑤ しんまい ⑥ きょうりょく
⑦ ぎょにく ⑧ げんしゅ
⑨ たしょう ⑩ だいち
⑪ ちゅうしょく ⑫ ちょくご
⑬ こうえん ⑭ つうこう
⑮ きしゃ

2 かん字の 読み ②

① きんじつ ② ちゃいろ
③ でんち ④ とうじ
⑤ ぎゅうば ⑥ しゅんぶん
⑦ こくどう ⑧ うたごえ
⑨ ふぼ ⑩ こうげん
⑪ としょ ⑫ けいかく
⑬ さっか ⑭ いわば
⑮ まるた

3 かん字の 読み ③

① やがい ② さいく
③ きょうだい ④ せいなん
⑤ なつやま ⑥ まいかい
⑦ きょうか ⑧ ゆみや
⑨ ごぜん ⑩ てんない
⑪ しんゆう ⑫ ばいばい
⑬ じょうきょう ⑭ えんきん
⑮ らいしゅう

4 かん字の 読み ④

① あねといもうと ② しんぶん
③ けいと ④ せいとう
⑤ じかん ⑥ かいが
⑦ たいかい ⑧ なんにん
⑨ こうつう ⑩ えんちょう
⑪ しんせつ ⑫ せいてん
⑬ ならす ⑭ むぎわら
⑮ とりのはね

5 かん字の 書き ①

① 引火 ② 音楽 ③ 算数
④ 言語 ⑤ 元気 ⑥ 思考
⑦ 冬鳥 ⑧ 心理 ⑨ 雪雲
⑩ 谷川 ⑪ 会話 ⑫ 番組
⑬ 古寺 ⑭ 活用 ⑮ 自力

6 かん字の 書き ②

① 日記 ② 星空 ③ 形見
④ 丸顔 ⑤ 広場 ⑥ 天才
⑦ 日光 ⑧ 黄色 ⑨ 合同
⑩ 早朝 ⑪ 読書 ⑫ 校門
⑬ 木刀 ⑭ 知人 ⑮ 力走

7 かん字の 書き ③

① 万一 ② 歩行 ③ 中止
④ 雨戸 ⑤ 今週 ⑥ 秋風
⑦ 体力 ⑧ 切手 ⑨ 方角
⑩ 半分 ⑪ 教頭 ⑫ 日曜
⑬ 電話 ⑭ 夜中 ⑮ 白米

8 かん字の　書き ④

① 色紙　② 市場　③ 雪山
④ 牛肉　⑤ 図工　⑥ 汽船
⑦ 父親　⑧ 里親　⑨ 強弱
⑩ 黒字　⑪ 遠足　⑫ 点線
⑬ 室内　⑭ 帰国　⑮ 交通

9 音を　あらわす　ことば ①

① コンコン　② ケロケロ
③ ポキポキ　④ ドーン
⑤ ガーガー

10 音を　あらわす　ことば ②

① ガタン　② ポチャン
③ メーメー　④ ガラガラ
⑤ ゴーン

11 ようすを　あらわす　ことば ①

① さらさら　② すいすい
③ しとしと　④ ごくごく
⑤ ひりひり

12 ようすを　あらわす　ことば ②

① どんどん　② うとうと
③ めらめら　④ そよそよ
⑤ らくらく

13 あわせことば ①

① ちゃいろ　② めぐすり
③ もちごめ　④ すなはま
⑤ かざぐるま

14 あわせことば ②

① け，むし　② はな，ち
③ わら，くつ　④ くち，ふえ
⑤ かみ，ふくろ

15 文の　形 ①

① ㋐　② ㋒　③ ㋑
④ ㋐　⑤ ㋒

16 文の　形 ②

① ㋑　② ㋐　③ ㋑
④ ㋒　⑤ ㋐

17 かなづかい ①

① は、を、お、へ
② は、お、は、を

18 かなづかい ②

① お、が、お、へ
② え、は、お、え、へ

19 かなづかい ③

① じしん　② じかん
③ はなぢ　④ かんじ
⑤ じしゃく　⑥ じめん
⑦ めじり　⑧ ちぢむ

20 かなづかい ④

① すうじ　② まんじゅう
③ わるぢえ　④ ちかぢか
⑤ ゆのみぢゃわん　⑥ みぢかな人
⑦ まつりぢょうちん　⑧ のどじまん

21 かなづかい ⑤

① みかづき　② にんずう
③ かなづち　④ うでずもう
⑤ ずがこうさく　⑥ つづき
⑦ ちずちょう　⑧ いのちづな

22 かなづかい ⑥

① あかずきん　② かんづめ
③ ずつう　④ だいず
⑤ てづくり　⑥ ぼうずあたま
⑦ せんばづる　⑧ ずる休み

23 かん字の　しりとり ①

① 読書→書道→道草
② 青春→春風→風雨
③ 原野→野鳥→鳥肉
④ 高台→台風→風雪
⑤ 絵本→本音→音色

24 かん字の　しりとり ②

① 母親→親切→切手
② 肉体→体外→外出
③ 正直→直通→通行
④ 心中→中学→学生
⑤ 母国→国家→家計

25 かん字の　しりとり ③

① 場合→合同→同音
② 形見→見当→当時
③ 大国→国外→外来
④ 今夜→夜半→半月
⑤ 風船→船出→出馬

26 かん字の　しりとり ④

① 強大→大名→名門
② 家元→元気→気分
③ 台地→地方→方言
④ 空白→白昼→昼夜
⑤ 汽船→船長→長雨

27 ことばの　いみ ①

① ㋓　② ㋒　③ ㋐
④ ㋑　⑤ ㋔

28 ことばの　いみ ②

① ㋓　② ㋐　③ ㋔
④ ㋒　⑤ ㋑

29 ことばの　いみ ③

① ㋔　② ㋓　③ ㋑
④ ㋒　⑤ ㋐

30 ことばの　いみ ④

① ㋒　② ㋔　③ ㋐
④ ㋑　⑤ ㋓

31 じゅく語づくり ①

① 会　② 船　③ 工　④ 番

32 じゅく語づくり ②

① 海　② 活　③ 場　④ 園

33 じゅく語づくり ③

① 語　② 親　③ 心　④ 科

34 じゅく語づくり ④

① 歌　② 回　③ 画　④ 外

35 文の　読み ①

① キャベツ　② 一ミリメートル
③ 黄色　④ みどり色

36 文の　読み ②

① わたがし
② そり，雪だるま，雪がっせん

達成表

勉強がおわったページにチェックを入れてね。問題が全部できて、字もていねいに書けていたら「よくできた」だよ。全部の問題が「よくできた」になるようにがんばろう！

教科	タイトル	学習日	もうすこし	ぜんぶできた	よくできた
算数	1 時間と　時こく ①	／			
	2 時間と　時こく ②	／			
	3 たし算（ひっ算）①	／			
	4 たし算（ひっ算）②	／			
	5 ひき算（ひっ算）①	／			
	6 ひき算（ひっ算）②	／			
	7 1000までの　数 ①	／			
	8 1000までの　数 ②	／			
	9 水の　かさ ①	／			
	10 水の　かさ ②	／			
	11 たし算と　ひき算 ①	／			
	12 たし算と　ひき算 ②	／			
	13 大きい数の　計算 ①	／			
	14 大きい数の　計算 ②	／			
	15 かけ算 ①	／			
	16 かけ算 ②	／			
	17 かけ算 ③	／			
	18 かけ算 ④	／			
	19 かけ算 ⑤	／			
	20 かけ算 ⑥	／			
	21 かけ算 ⑦	／			
	22 かけ算 ⑧	／			
	23 かけ算 ⑨	／			
	24 かけ算 ⑩	／			
	25 長さ ①	／			

教科(きょうか)	タイトル	学習日(がくしゅうび)	もうすこし	ぜんぶできた	よくできた
算数	26 長さ ②	／			
	27 三角形と 四角形	／			
	28 10000までの 数	／			
	29 分数 ①	／			
	30 分数 ②	／			
	31 はこの 形 ①	／			
	32 はこの 形 ②	／			
生活	1 春を さがそう	／			
	2 夏を さがそう	／			
	3 秋を さがそう	／			
	4 冬を さがそう	／			
	5 パンを つくる ①	／			
	6 パンを つくる ②	／			
	7 まちの しごと ①	／			
	8 まちの しごと ②	／			
	9 そだてる しごと ①	／			
	10 そだてる しごと ②	／			
	11 工場の しごと ①	／			
	12 工場の しごと ②	／			
	13 しごとと 時間 ①	／			
	14 しごとと 時間 ②	／			
	15 もようを つくる ①	／			
	16 もようを つくる ②	／			
	17 しごとを する 車 ①	／			
	18 しごとを する 車 ②	／			

きょうか 教科	タイトル	がくしゅうび 学習日	もうすこし	ぜんぶできた	よくできた
生活	19 たくはいびん ①	／			
	20 たくはいびん ②	／			
	21 スーパーマーケット ①	／			
	22 スーパーマーケット ②	／			
	23 交通あんぜん ①	／			
	24 交通あんぜん ②	／			
	25 場しょ・方こう ①	／			
	26 場しょ・方こう ②	／			
	27 場しょ・方こう ③	／			
	28 場しょ・方こう ④	／			
	29 もようを　つくる ③	／			
	30 もようを　つくる ④	／			
	31 もようを　つくる ⑤	／			
	32 へそひこうき	／			
国語	1 かん字の　読み ①	／			
	2 かん字の　読み ②	／			
	3 かん字の　読み ③	／			
	4 かん字の　読み ④	／			
	5 かん字の　書き ①	／			
	6 かん字の　書き ②	／			
	7 かん字の　書き ③	／			
	8 かん字の　書き ④	／			
	9 音を　あらわす　ことば ①	／			
	10 音を　あらわす　ことば ②	／			
	11 ようすを　あらわす　ことば ①	／			

きょうか 教科	タイトル	がくしゅうび 学習日	もうすこし	ぜんぶできた	よくできた
国語	12 ようすを　あらわす　ことば ②	／			
	13 あわせことば ①	／			
	14 あわせことば ②	／			
	15 文の　形 ①	／			
	16 文の　形 ②	／			
	17 かなづかい ①	／			
	18 かなづかい ②	／			
	19 かなづかい ③	／			
	20 かなづかい ④	／			
	21 かなづかい ⑤	／			
	22 かなづかい ⑥	／			
	23 かん字の　しりとり ①	／			
	24 かん字の　しりとり ②	／			
	25 かん字の　しりとり ③	／			
	26 かん字の　しりとり ④	／			
	27 ことばの　いみ ①	／			
	28 ことばの　いみ ②	／			
	29 ことばの　いみ ③	／			
	30 ことばの　いみ ④	／			
	31 じゅく語づくり ①	／			
	32 じゅく語づくり ②	／			
	33 じゅく語づくり ③	／			
	34 じゅく語づくり ④	／			
	35 文の　読み ①	／			
	36 文の　読み ②	／			